郑怀贤武学丛书

形意拳与八极拳

成都体育学院武术系　审定

周直模　陈扬　编著

人民体育出版社

图书在版编目（CIP）数据

形意拳与八极拳 / 周直模,陈扬编著. -- 北京：人民体育出版社，2013 (2023.6重印)
（郑怀贤武学丛书）
ISBN 978-7-5009-4460-7

Ⅰ.①形… Ⅱ.①周… ②陈… Ⅲ.①形意拳—基本知识②八极拳—基本知识 Ⅳ.①G852.14②G852.19

中国版本图书馆CIP数据核字(2022)第022581号

*

人民体育出版社出版发行
北京盛通印刷股份有限公司印刷
新 华 书 店 经 销

*

880×1230 32开本 11印张 275千字
2013年9月第1版 2023年6月第7次印刷
印数：9,001—9,500册

*

ISBN 978-7-5009-4460-7
定价：50.00元

社址：北京市东城区体育馆路8号（天坛公园东门）
电话：67151482（发行部） 邮编：100061
传真：67151483 邮购：67118491
网址：http://www.psphpress.com
（购买本社图书，如遇有缺损页可与邮购部联系）

《郑怀贤武学丛书》编委会

顾　问：习云泰　　邓昌立　　邹德发　　叶道清
　　　　郭洪海

主　编：李静山（成都体育学院武术系主任、教授）
　　　　赵　斌（成都体育学院武术系副主任、教授）

编　委：（以姓氏笔画为序）
　　　　王明建　　艾泽秀　　冉学东　　刘　涛
　　　　刘金丽　　李　威　　孙　超　　李传国
　　　　杨啸原　　应　磊　　辛双双　　张　勇
　　　　张小鸥　　张茂于　　陈　扬　　陈振勇
　　　　周直模　　彭鸣昊　　卿光明　　黄　静
　　　　龚茂富　　曾　杨　　温佐惠

总 序

《郑怀贤武学丛书》的编写出版是对我国著名的武术家、中医骨伤科专家郑怀贤先生的缅怀和纪念。本套丛书汇集了郑怀贤先生武学思想成就和成都体育学院一批武术前辈的武学精华与专长。它不仅反映了以郑怀贤先生为代表的成都体育学院老一辈武术家对中国武术传承与发展作出的贡献，同时也体现了他们在成都体育学院武术发展形成特色过程中的风采和对武术创新的成果。

郑怀贤（1897—1981年）先生生前历任中华全国体育总会常委、第3届中国武术协会主席、中国体育科学学会理事、全国运动医学学会委员、中华医学会四川分会副理事长等职。他一生致力于武术和中医骨伤科事业的发展与研究，先后拜李尔青、魏金山、孙禄堂（孙式太极拳创始人）等武术前辈为师，系统地学习武术、伤科诊疗技术和伤科方药。1936年他参加柏林第11届奥运会中国国术表演，以精湛的飞叉技艺震惊世界，为中国武术在国际体育舞台上争得了荣誉，产生了深远的影响。1958年他参与创建了中国第一所体育医院（成都体育学院附属医院），担任院长达二十三年之久。他的一生，集武术与医学为一生，武艺绝伦，医术精湛，扶弱救贫，教书育人，诲人不倦。为我国的武术和中医骨伤专业培养了大批的优秀人才，作出了巨大的贡献。

本丛书主要特点为：第一，内容丰富，特色鲜明。如成都体育学院的武术经典套路"八卦龙形剑"以及王树田老师的八极拳、形意对打等曾被列为20世纪70年代《全国业余武术教练员训练班》的必修教材。一代"猴王"肖应鹏老师的猴拳分别获得第1届全国

形意拳与八极拳

民族形式体育表演及竞赛大会和第2届、第3届全国少数民族传统运动会的一等奖。兰素贞老师的"绵拳"，作为四川地方优秀传统拳种列入了《四川武术大全》一书。邓昌立老师的八卦掌以及叶道清老师和邹德发老师的对练，不仅内容丰富，而且风格特点与技法等独具特色。第二，传承有序，彰显传统。如郑怀贤先生所传之八卦掌、形意拳均源自孙式太极拳创始人孙禄堂先生，八极拳、形意对打等内容则是王树田老师在中央国术馆学习时的主要内容。这些套路较好地保留了中国传统武术的风格与特点，充分发挥了高校传承中国传统武术的价值与作用。第三，创新继承，弘扬发展。20世纪70—80年代，成都体育学院武术在郑怀贤先生创新发展理念的指导下，创编了三人对练、双手夺枪、三人对棍等对练套路四十多套，占据全国首位，郭洪海老师首创了旋子转体360°的动作，影响深远，将传统武术套路的发展推向一个新的起点。

本丛书的编写凝集着成都体育学院武术系全体老师的心血和汗水。为了搞好丛书的撰写工作，在学院领导的大力支持下，武术系先后召开了多次郑怀贤武学思想研讨会，并邀请国内外知名专家和学者进行了研讨。同时，以座谈和访谈的形式，深入社会和家庭，对郑怀贤生前传承弟子以及武术系退休老教师进行了调查与收集资料。这些工作为本套丛书的顺利编写奠定了坚实的基础。在此，对全体参与丛书编写的人员付出的艰辛劳动表示感谢。

2012年正值我院70周年校庆，本丛书将作为校庆的一份献礼，以示祝贺。真心祝愿我们的学校成都体育学院未来发展更加辉煌，真正实现"科学发展，建设成为高水平有特色的高等体育学府"的办学目标。

丛书编委会

2011年10月1日

前 言

　　郑怀贤先生所留下的武术财富，是一朵绚丽的奇葩，一直为后人所推崇。几十年来，经过众多武术工作者不断探索与总结，逐渐形成一种完善的武学体系，并以科学、严谨的姿态展现给了世人。本书所展现的是郑先生武学体系中最具代表性的两个拳种，即郑氏风格的形意拳和八极拳。为什么我们说这两个拳种是郑先生武学体系中最具代表性的呢？这是因为，郑先生在多年的形意拳与八极拳的学练中，一直承蒙名家的指点以及自身的钻研与体悟，结合广泛的实践交流，利用晚年述职高校的客观优势，开展了比一般武术家更为全面、科学的研究，并融会自己所擅长的医术，创立了武医结合、回归传统文化整体观念的武学体系。郑先生一生不仅精于医学，是一代国医大师，有深厚的文化底蕴，而且他常以传统哲学和祖国医学为指导，深研形意、八极内家拳法，最终形成"崇文尚武，武医结合"的代表一个新时代的武学思想。在书中我们以简洁明了、图文并茂的方式向读者展示一个与众不同的郑氏武学思想，以及武医结合、养生为主、取法自然的武学技法体系。

　　郑氏形意拳是郑先生武技体系中最具精湛的一项技艺之一，其造诣深厚，这得益于先生自小师从多家所打下的坚实基本功和一代武学巨擘孙禄堂先生的指点，20世纪二三十年代，孙禄堂先生代表着中国武学的最巅峰，当时中国的顶尖高手、许多省份国术馆的教员，以及国民党党政军宪特和五大军校的武术教官，多出自孙禄堂先生门下。可以说，拜师孙禄堂先生，是郑怀贤人生中的一次巨

形意拳与八极拳

大转折，它意味着一种全面、科学、严谨的武学思想初步形成。孙禄堂祖师非常看重郑先生踏实的治学态度、刻苦地修炼精神和较高的天资，给予他很多的教诲和指导。在郑先生的武学修为中，我们仍然可以看到孙氏武学兼容并包、品德高尚、从容中道、自强不息、圆融通达的武术精神。20世纪30年代，郑先生离师远行来到上海，期间与众多师兄弟、武林高手切磋技艺，进一步丰富了其技术体系，加深和提高了对武学的认识。抗战胜利后，郑先生一直客居西北，在成都体育学院从事武术与医疗工作，并将两者与科研实践密切结合，使郑氏武学体系走向成熟。

郑氏风格的八极拳，也是郑先生最有代表性的拳种之一。如今西南地区流传的八极拳套路，大多出自郑先生的技术体系。可以说，是郑先生将形意拳与八极拳这两个优秀的拳种全面地介绍到了西南地区，为西南地区的武术繁荣作出了贡献。郑先生出生于英雄辈出的燕赵大地，从小就在武风盛行的环境中耳濡目染，加之燕赵大地江湖文化盛行，以及多年跑码头生涯的经历，都对他从事的武技、接骨、医药等产生了深刻的影响。八极拳发源于沧州孟村，是燕赵大地最具有代表性的拳种之一。郑先生八极拳的风格既有传统八极拳刚猛、磅礴的气势，又有戳脚、翻子拳灵妙的变化与快脆、轻盈的特点。这是由于郑先生从小习练戳脚翻子拳打下的坚实基础，并将两者巧妙地结合起来，形成了更加凌厉、灵活多变的独特风格的郑氏八极拳。

此书在深切缅怀郑怀贤先生的同时，笔者怀着崇敬的心情提起另一位武术大师王树田先生，他在推广郑氏武学的工作中起到了至关重要的作用。由于郑先生晚年腿脚不便，便把工作重心转移到运动医学上，所以推广和继承郑氏武学的重任就落到了以王树田先生为代表的一批老武术工作者身上。这里特别提到王树田教授，是因为他不仅使郑氏武学在高校武术课程中形成了完善的

教学体系，而且不遗余力地将郑氏武学推向全社会。如今仍为成都武术界津津乐道的南郊武术社，就是在王树田教授等人的组织召集下成立的。王树田教授一直致力于推广郑氏武学，培养了很多优秀的武术专业人才和数以万计的民间武术爱好者，正是他如春蚕般的无私奉献，才使得越来越多的人了解、喜爱郑氏武学，并学练郑氏武学。

编著者

2012 年 10 月 17 日

目 录

形意拳

一、形意拳的流源 …………………………………………（3）
二、形意拳的风格特点 ……………………………………（7）
　（一）注重三体式的基础作用 …………………………（7）
　（二）注重对身法的严格要求 …………………………（8）
　（三）注重象形取意 ……………………………………（8）
　（四）将拳法当功法苦练的武道 ………………………（9）
三、形意拳的演练要求 ……………………………………（10）
四、形意拳的基本动作 ……………………………………（12）
　（一）基本手型 …………………………………………（12）
　（二）基本步型 …………………………………………（14）
　（三）基本步法 …………………………………………（17）
　（四）基本动作 …………………………………………（21）
五、五行拳 …………………………………………………（24）
　（一）劈拳 ………………………………………………（24）
　（二）崩拳 ………………………………………………（33）
　（三）钻拳 ………………………………………………（42）
　（四）炮拳 ………………………………………………（50）

（五）横拳 …………………………………（59）

六、十二形拳 ……………………………………（69）
　　（一）龙形 …………………………………（69）
　　（二）虎形 …………………………………（75）
　　（三）猴形 …………………………………（80）
　　（四）马形 …………………………………（83）
　　（五）鼍形 …………………………………（89）
　　（六）鸡形 …………………………………（98）
　　（七）鹞形 …………………………………（106）
　　（八）燕形 …………………………………（112）
　　（九）蛇形 …………………………………（115）
　　（十）鲐形 …………………………………（123）
　　（十一、十二）鹰、熊合演 ………………（129）

七、形意拳拳谱名称 ……………………………（136）
　　（一）五行连环拳拳谱 ……………………（136）
　　（二）形意八式拳拳谱 ……………………（136）
　　（三）综合形意拳拳谱 ……………………（137）

八、形意拳套路图解 ……………………………（140）
　　（一）五行连环拳套路图解 ………………（140）
　　（二）形意八式拳套路图解 ………………（150）
　　（三）综合形意拳套路图解 ………………（160）

九、形意拳套路动作连续演示图 ………………（203）
　　（一）五行连环拳动作连续演示图 ………（203）
　　（二）形意八式拳动作连续演示图 ………（206）
　　（三）综合形意拳动作连续演示图 ………（209）

八极拳

- 十、八极拳的源流 ··· (225)
  - (一) 八极拳起源 ·· (225)
  - (二) 历史沿革 ··· (226)
- 十一、八极拳的风格特点 ·· (228)
  - (一) 意正身直、内外合一 ·································· (228)
  - (二) 劲力刚猛、技击为先 ·································· (228)
  - (三) 拳重寸巧、步稳沉搓 ·································· (229)
- 十二、八极拳的演练要求 ·· (230)
  - (一) 姿势舒展、手脚相随 ·································· (230)
  - (二) 下盘稳固、劲力短快 ·································· (230)
  - (三) 变化突然，拥搓代缓 ·································· (231)
  - (四) 以气催力、阴阳顿挫 ·································· (231)
  - (五) 刚柔相兼、神形合一 ·································· (231)
- 十三、八极拳的基本动作 ·· (233)
  - (一) 基本手型 ··· (233)
  - (二) 基本步型 ··· (234)
  - (三) 基本手法 ··· (237)
  - (四) 基本腿法 ··· (242)
- 十四、八极拳拳谱名称 ·· (243)
- 十五、八极拳套路图解 ·· (246)
- 十六、八极拳套路动作连续演示图 ·························· (293)
- 十七、八极拳攻防用法例解 ····································· (308)

形意拳

一、形意拳的流源

　　形意拳，作为中国武术文化中的一朵奇葩，自从产生之日起就被国人视若珍宝。它以传统阴阳五行学说为理论基础，以师法自然、象形取意为创拳依据的一门哲理化拳派。它讲究直打直进，所谓"硬打硬进无遮拦"。同时极其注重内劲的修炼，要求练成电闪雷鸣般的整体爆发力。所以，形意拳具有极高的实战性，是一门朴实无华的搏杀技艺。关于形意拳的起源，最有据可查的说法是由明末山西蒲州人姬际可（1602—1683年）所创。据史料记载，姬际可一生喜好武术，尤其擅长大枪，山西姬氏族谱有"技勇绝伦，晚年破流寇于村西"的记载。晚年的时候，他将六合大枪的技法融入拳法，"脱枪为拳"创立了一种全新的武术体系，这便是心意六合拳，也是后来形意拳的前身。姬际可后传安徽人曹继武，曹继武传山西祁县戴龙邦，戴龙邦传李洛能。李洛能在继承传统心意六合拳的基础上，融入自己的理解，形成了自己的技术风格，晚年将自己一生对武术的理解融会贯通，创造了形意拳并使之发扬光大。李洛能传车毅斋、郭云深、刘奇兰、宋世荣等弟子。其中郭云深传李魁垣，李魁垣传孙禄堂，孙禄堂传郑怀贤。郑怀贤先生在继承传统形意拳的基础上，经过一生反复的理解和锤炼，逐渐形成了自己独特的风格，它以其完备的技术体系、合理的技术构成、独特的教育理念闻名于世，为武林人士称赞。

　　1897年9月15日，郑怀贤先生出生于河北省安新县一个普通

的农民家庭。由于家境贫寒，少时的他并没能继续接受私塾教育，中途便辍学在家。由于他生活在河北北部地区地处古代燕赵的大地，武风盛行，秉性喜游侠好仁义的郑怀贤在这样的环境影响下便迷恋上了武术，并与武术结下了不解之缘。13岁开始跟着当地有名的"飞叉大王"李洱庆学习飞叉。在旧社会，飞叉隶属于跑"江湖"人的一种手段和生存方式，学习掌握飞叉技术，无非就是为了吸引过往人群，为生存、生活创造一些便利条件。期间郑怀贤跟随李洱庆老师还兼学了骨伤科。1918年时郑先生的飞叉技术和骨伤科医术在当地已小有名气，后经李洱庆老师同意，郑又跟随北方著名的镖师、戳脚名家魏金山老师学习戳脚、鹰爪拳等技艺，以及魏金山老师的骨科本领。历经六七年时间的学习，魏先生见郑天资聪慧，技艺进步神速，为不可多得的武术奇才，于是将郑引荐给当时中国最富盛名的武术家、有着"天下第一手"称号的武林泰斗孙禄堂老先生门下继续深造。

拜师孙禄堂宗师，对于郑来说意义重大、影响深远。在孙禄堂宗师的悉心教导下，郑的医术、武技均有了长足的进步。特别是他的形意拳、八卦掌，颇有孙禄堂老师的风范，体现了孙氏内家拳"空灵松脆虚变"的特点。在学习孙氏武学的过程中，郑将过去所学过的戳脚、鹰爪拳和擒拿等技艺很好地与孙氏武学结合在了一起，初步形成了自己的风格。1926年前后郑30岁的时候，离开孙师只身来到上海，开始闯荡这个充满机遇和挑战的地方。在上海他与孙门众师兄弟一起相互交流武学技艺，继续完善自己的武学。这其间，师兄孙存周先生对郑的帮助尤多，孙是孙氏武学家传继承人，其技击功夫独步武林，是被公认的技击名宿。在孙存周师兄的帮助下，郑的内家拳技艺更上一层楼，可以说是一次飞跃。随后，郑以高超技艺在武术界享有盛名，被国民政府看重，选为1936年奥运会中国国术表演队的队员，同行的张文广、温敬铭、寇运兴等

一、形意拳的流源

武术名家都对先生的技艺叹为观止。回国后，郑就被南京中央国术馆和中央军官学校聘为国术教师。在这藏龙卧虎、高手云集的特殊环境中，郑的高超武学技艺得到了广泛的施展，并为更多名家所钦佩，其间也有名家们的相互交流、互相切磋的心得。正是有了这段经历，对郑的博学、吸纳百家和完善自我是至关重要的，使郑氏武学又一次有了质的飞跃。比如，郑的形意拳，他不仅吸收了其师兄、南京中央国术馆教务长朱国福先生中西合璧式的拳击风格，吸收了查拳跤拳合一的思想，把摔法糅进了形意，而且也吸收了西洋击剑的一些身法和步法，使得郑氏风格的形意拳更简捷明快、注重实用。此外，郑氏形意拳中还能看到八极拳"挫劲"的影子、太极拳连绵不断的拳意。正是郑先生的不断思索、不断学习和实践，才有了如此丰厚的武学底蕴。

新中国成立后，他一直客居西南，担任成都体育专科学校（成都体育学院前身）武术和中医骨伤科教师，创办了中国第一个运动医学专业，并亲自担任负责人。1956年以后，由于国家体育主管部门开始逐步重视武术的健身和竞技职能，对传统的搏杀武术加以限制。他的教育重心由武术转入医学，但这种转向不是抛弃武术，而是用一种全新的方式去探索武术。在多年的医学教育与科研基础上，他对人体机能、运动形态、运动原理均有了更为深刻的认识，特别是通过西医解剖的实践，使得他对人体有了更为直观的认识，与祖国传统医学中的筋骨穴道、气血脏象有了清晰的对比，并将这些科学知识、原理运用到郑氏武学中。曾有人感叹他的擒拿如钢筋铁骨、天罗地网，拿其一点，撼其全身；也有人说他的发劲冷快绝伦，起自虚空而无法防范，其剧痛彻人肺腑。其实这些高深的武技就是在他多年的医学实践中对人体有了清晰认识的基础上练成的，所以王树田老师称其技艺之妙为"庖丁解牛"。

形意拳与八极拳

纵观郑怀贤老师的一生，是学习的一生，探索的一生，他给我们留下的独特风格的形意拳，是一笔不可估量的武学财富，正如他自己所说："武术是一种文化，我们必须怀着尊古、谦卑的心去面对和体悟。我们一个人的力量是微小的，能够用自己的一生，去探索我们的传统文化，这是无上的光荣。"

二、形意拳的风格特点

郑怀贤先生在全面继承孙禄堂宗师武学体系的基础上，结合自身师承多家的经历与所习练的各流派的风格特点，在晚年形成了自己独特的郑氏形意拳。当然，其独特的技艺，与他晚年在成都体育学院从事武术、医疗的教育事业是紧密联系的，其主要技术风格特点如下：

（一）注重三体式的基础作用

郑氏形意拳继承了传统形意拳重视基本功训练的特点，强调三体式这个基本母式的作用。郑老师时常对弟子们说："万法出自三体式，如果说五行拳是形意拳的基础，那么三体式就是基础的基础，三体式不仅能够增强功力，最重要的能够改变人的气质。"据王树田老师回忆，郑老师在传授弟子形意拳之前，都要约定俗成地先站一会儿三体式，他自己也是每天这样坚持练习。他要求学生在学练形意拳时，一定要通过至少1~2年的桩功训练，将筋骨拉开、气血调顺，并逐步找到一种周身"外若枯木死灰，内含万马奔腾"的本体感觉。在这种感觉的驱使下，整个人精神气质会发生明显的改变。基本功打扎实了，拳术的修炼才能拾级而上。郑老师说："不管五行拳还是十二形，都不是动态的舞动，其本质都是动着的三体式。只有静态的三体式练好，才能保证在动态中不散乱，仍然稳固威严。"

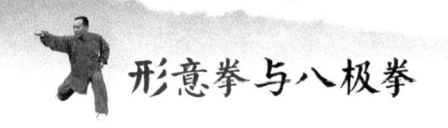

(二) 注重对身法的严格要求

郑氏形意拳的三体式要求后大腿与地面垂直，这样就无形中增大了后腿支撑力的强度，其目的就是为了形成强大的后腿蹬地力量，以便体会拳论中所说的"消息全凭后足蹬"的要求。很多郑氏形意拳的练习者都反映站三体式时后腿克服阻力的强度要强于其他风格流派的形意拳。这是因为郑老在继承传统形意拳的基础上，借鉴了八极拳与拳击凌厉的冲劲。其师兄、中央国术馆教务长朱国福先生就是以冲劲驰骋武林的高手，郑老借鉴了朱国福先生中西合璧式的拳击风格，所以郑氏形意拳的冲劲尤其突出。四川武术界对郑氏形意拳有这样的评价："势如猛虎下山，只看一下就打消了比武的念头。"

郑氏形意拳另外一个鲜明的风格特点是注重命门的后撑，即注重脊椎张力与弹性的锻炼，讲究"身备五弓"。郑氏形意拳还把不同拳种的精华融合起来，所以其拳中包含有武式太极拳对腰身的要求。就是在站桩和蓄劲的时候命门尽可能地后撑，脊背变圆，久而久之使身体富有弹性，而弹性正是修炼整体爆发力的基础。郑氏形意拳发劲时就有一种如箭出弦一样的往四周炸开的弹力。另外，练习时脊椎不断地"束""展"，使血液循环更加顺畅、内脏更加坚实、筋骨更加丰满致密，脊椎的弹性和灵活性得到了提高。

(三) 注重象形取意

形意拳中有十二形，是先贤吸收十二种动物各自所特有的灵动性所创造出来的动作。例如：虎有扑食之能、马有奔腾之功。郑先生在演练和传授形意拳的时候，十分注重对这十二种动物灵动性的体悟。以虎扑为例，郑氏形意拳的虎扑是在抛物线中蕴含着直线

二、形意拳的风格特点

的，他解释这样做的目的便是他对老虎扑食之能的不断体会，他认为老虎在扑食的时候，其意念一定是专注于一条直线上，即它和猎物的直线距离，这样做的目的便是为了激发出迅猛的动作过程。而郑氏形意拳扑食动作的过程就像老虎跳起来扑向猎物那样，这种抛物线的运行轨迹巧妙地将"扑""踩""抓""按"等动作都融合进一个动作里，其杀伤性不言而喻。郑氏形意拳的虎扑动作便取自这种饿虎扑食的态势之意。在抛物线的运行过程中蕴含着直线，在"扑"中蕴含着"扑""踩""抓""按"。

（四）将拳法当功法苦练的武道

郑氏形意拳的另外一个重要特点就是将拳法作为功法来练。据王树田老师回忆，郑先生在传授形意拳时，常常让学生们围着训练场练习，一个劈拳就这样来来回回地打。其目的就是要求学生强化体会劈拳的技术特点，在强化体会技术特点的同时深度感悟劈拳这个动作所蕴含的内在机理，并深入探求这种内在机理对身体的影响。这样的练法好处多多，既可以在技击层面让学生逐渐体会到劈拳"起如钢锉，回如钩杆"的特点，又可以在养生层面使学生慢慢体会劈拳健肺的实质，对于养生、健身、提高学生体质具有很大的帮助。

此处略举一二旨在向读者展示郑氏形意拳所特有的、优秀的技术风格，当然，郑氏形意拳中还有许多其他精妙之处，读者可以从本书中探索端倪。

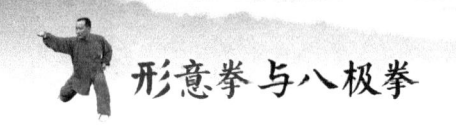

三、形意拳的演练要求

（一）习练形意拳，无论男女老少强弱均可。其架势高低、开展、紧凑皆可根据自身之需要细调，一切以舒服为宜。

（二）习练形意拳，须首重三体式桩功，因桩功是为学之根基，变化人气质之开始。内含大道之玄机，是进阶之枢纽。

（三）七情过盛、酒后、餐后半小时、饥饿时，皆不宜习练形意拳，以免引起气血不调，伤及五脏。

（四）练拳须心境平和而无杂念，心中升起恭敬、虔诚之心，用心体悟拳中三昧，不可心不在焉，有始无终。

（五）初习形意拳，可寻一开阔地带，面向东方而操，因地域开阔则呼吸自然舒畅，东方孕育少阳生发之气也。

（六）夏季练拳须着汗衫，不可赤膊，更不可汗出当风。古人云："风为百邪之长，避风如避箭，风邪袭人，摧枯拉朽。"

（七）练习形意拳单次时间以 40 分钟为宜，若有心向上进修，可根据自身状况延时或增加练习次数。练习结束后，不可立即坐下，须徘徊徐走 10 分钟后，方可随意之。

（八）练习形意拳须读古谱，盖古谱中有九要、二十四法等论，是练拳之至高准则，为方圆之规矩。

（九）练习形意拳不可造作意念。单一求气，单一求力，皆非形意之法。学者应顺其自然，日积月累，自能效验。形意之道，不求气而气自调，不求力而力自彰，不求劲而劲自出。

（十）初学者应首明三害，三害不除拳术定悖离大道。此处特将民国形意大师薛颠先生对三害的论述收录："练武术者应当注意

三、形意拳的演练要求

之三害，三害不明，练之足以伤身。学者，能力避三害，非特体魄强健，而且力量增加，勇毅果敢，并能神清气爽，明心见性，直入道义之门。三害者为何？一曰拙力，二曰怒气，三曰挺胸提腹。"

"拙力者，用力太笨，气血凝滞，以至血脉不能流通，筋骨不能舒畅，甚至四肢拘谨，手足不能灵活，浸假而虚火上炎，拙气滞满胸臆，乃肢体凝滞之处，或细胞爆裂变成死肌，或结为瘀，贻害终身，不可不慎。

怒气者，力小任重，或用力太过，以至气满胸膈，臃滞不通，其气管往往有爆裂之感，甚至气逆肺炸，或不治之痼疾者，亦数见不解。

"挺胸提腹者，气逆上行，不能降至丹田，两足似浮萍之无根，重心不稳，身体摇动不安，譬如君心不和，百官失其位，拳术万不能从容中道。习练时，务要将气降至丹田，一直达于涌泉，然后身体屹立如山，虽有雷霆万钧之击，不能撼动其毫厘。

"学者，果能除三害，力为矫正，用九要八论之规矩，勤加锻炼，循序渐进，以至升堂之室而得拳法三昧是为道，学者，其各注意焉。"

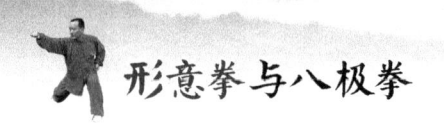

四、形意拳的基本动作

（一）基本手型

1. 螺丝拳（凤眼拳）：小指、无名指、中指、食指依次向手心卷握，拇指屈扣于食指和中指的第二指节上，拳面略向下倾斜成螺旋形。（图4-1）

2. 圆形掌：五指自然分开，拇指外展，中指挑起，虎口撑圆，其余三指微微屈，掌心内含，呈圆球状。（图4-2）

3. 虎爪掌：五指用力分开，指骨略向内弯曲呈爪形，有打击擒拿之用，力达五指。（图4-3）

图 4-1

图 4-2

图 4-3

4. 鹰爪掌：拇指外展弯曲，其余四指并拢，第二、第三指关节紧屈，各屈指尽力向手背方向展开，手背后张，形如鹰爪状。（图4-4）

5. 啄回指：食指分开，四指并拢向前伸出，略弯，如鸡嘴（鸡形多用此手型）。（图4-5）

图4-4

图4-5

6. 鼍形掌（八字掌）：拇指、食指似直非直，圆弧撑开成八字形，掌心内含，其余三指半屈，有拨转、防护、刁拿、扣击之用。（图4-6）

7. 蛇形掌：食指分开，四指并拢伸直，略向内含，有分拨挑击之功。（图4-7）

图4-6

图4-7

8. 瓦楞掌（平掌）：掌心内含，五指并拢，似直非直，力达指尖或掌根。（图4-8）

图4-8

（二）基本步型

1. 三体式步：前脚脚尖向前，后脚脚尖外展45°，两脚全脚掌着地，后脚跟与前脚在一条直线上，两腿微屈，大腿斜向下，两膝微内扣，两脚距离约一小腿长，重心偏于后腿（或前脚尖内扣，后脚尖正向前，两脚内侧在一条线上，全脚掌着地，前膝微屈，后膝尽力弯曲，两膝内扣，后大腿与地面成垂直状，两脚距离约一小腿长，重心偏于后腿）。（图4-9）

图4-9

2. 半马步：前脚微内扣，后脚横向外，两脚距离约三脚长，后腿屈蹲，大腿斜向下，前腿稍屈，重心略偏于后腿。（图4-10）

图 4-10

3. 仆步：一腿全蹲，大小腿靠紧，全脚掌着地，脚尖稍外展；另一腿伸直于体侧，接近地面铺平，全脚掌着地，脚尖内扣。（图4-11）

图 4-11

4. 歇步：两腿交叉屈蹲，前后相叠，后膝接近前膝膝窝，大腿斜向下，后脚前脚掌着地，脚尖向前，前脚全脚掌着地，脚尖外展。（图4-12）

图4-12

5. 独立步：一腿支撑，微屈站稳直立；另一腿屈膝提于身前，脚尖自然下垂或勾起。（图4-13）

图4-13

（三）基本步法

1. 跟步：前脚前进一步或半步，后脚随之跟进，落于前脚后侧，上步须快，提脚不可过高，上体不得起伏摇摆。（图 4-14—图 4-16）

图 4-14

图 4-15

图 4-16

2. 磨胫步：前脚前进一步，后脚随之提收于支撑脚内侧踝关节处，脚掌离地，与地平行，两脚脚尖向前，两腿微屈。（图4-17—图4-19）

图 4-17

图 4-18

图 4-19

3. 上步：后脚向前上一步或前脚向前上半步。（图 4-20、图 4-21）

图 4-20

图 4-21

4. 纵跳步：两脚用力蹬地，身体向上跃起，两脚在空中换成交叉步（左前右后），落地成歇步全蹲。（图4-22—图4-24）

图4-22　　　　　　　　图4-23

图4-24

（四）基本动作

三体式

①身体直立，两臂自然下垂，头部端正。两脚尖外展，脚跟靠拢，成立正姿势。眼向前平视。（图4-25）

②以左脚跟为轴，身体向左扭转45°，成半面向左。（图4-26）

图4-25

图4-26

③两脚不动，两手从体侧慢慢向上抬起，两臂自然伸直，两掌心向上，抬至与肩平时，两臂屈肘，使两掌向面前合拢，两掌相对，掌心向下。（图4-27、图4-28）

图4-27

图4-28

④两腿慢慢弯曲，身体成半蹲姿势。同时，两掌变拳，慢慢落至腹前，两肘微屈，两拳相对，拳心向下。随即右拳经胸前由下颌处向前上方弧形钻出，拳心斜向上，并微向外倾斜，小指向上翻转，肘尖下垂，右臂适度弯曲成弧形，右拳高与鼻尖齐平；左手贴紧右臂肘窝处，拳心向上。含胸、收腹、收臀，下颌微收。目视前方。（图4-29、图4-30）

四、形意拳的基本动作

图 4-29 　　　　　　　　　图 4-30

⑤身体方向不变，左脚向前进一步，左膝微屈，重心偏于右腿。同时，左手前伸，肘部微屈，掌心向前下方，五指自然分开，掌心内含，高与鼻尖齐；右手后撤落于腹前，拇指根节靠紧肚脐。目视左手食指。（图 4-31、图 4-32）

图 4-31 　　　　　　　　　图 4-32

23

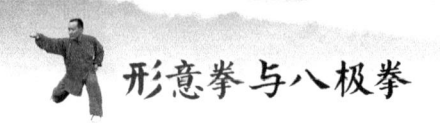

五、五行拳

(一) 劈拳

预备势

劈拳动作是以左右手和左右步法交换进行的一种练习方法。劈拳预备姿势，即三体式。（图 5-1）

图 5-1

第一式　劈拳左起势

①接上势，左手（即前手）回勾变拳，右手也同时回落变拳，两拳心向下，靠在肚脐两旁，两前臂紧抱腹部两侧。目视前方（图 5-2）

五、五行拳

图 5-2

②左脚向前垫步（长约一脚），脚尖外撇约 45°，膝部微屈；右脚跟步紧贴左脚踝处。同时，左拳经胸前由下颌处向前上方弧形钻出，拳心斜向上，并微向外倾斜，小指向上翻转，肘尖下垂，左臂适度弯曲成弧形，左拳高与鼻尖齐平；右拳与左拳同时钻出紧贴左肘关节内侧。目视左拳。（图 5-3）

图 5-3

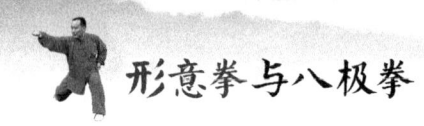

第二式　劈拳右落势

接上势，右脚向前迈一步（抬脚不要过高），膝部微屈；左脚随之跟进半步，重心仍在左腿。同时，右拳翻转变掌向前劈出，掌心向前下方，肘部微屈；左拳随之向内翻转变掌下落于腹前，拇指根节靠紧肚脐。目视右手食指。（图5-4）

图5-4

第三式　劈拳右起势

①接上势，右手回勾变拳，左手也同时回落变拳，两拳心向下，靠在肚脐两旁，两前臂紧抱腹部两侧。目视前方。（图5-5）

②右脚向前垫步（长约一脚），脚尖外撇约45°，膝部微屈；左脚跟步紧贴右脚踝处。同时，右拳经胸前由下颌处向前上方弧形钻出，拳心斜向上，并微向外倾斜，小指向上翻转，肘尖下垂，右臂适度弯曲成弧形，右拳高与鼻尖齐平；左拳与右拳同时钻出紧贴右肘关节内侧。目视右拳。（图5-6）

图 5-5　　　　　　　　　图 5-6

第四式　劈拳左落势

接上势，左脚向前迈一步（抬脚不要过高），膝部微屈；右脚随之跟进半步，重心仍在右腿。同时，左拳翻转变掌向前劈出，掌心向前下方，肘部微屈；右拳随之向内翻转变掌下落于腹前，拇指根节靠紧肚脐。目视左手食指。（图 5-7）

第一式至第四式可反复交替练习。

图 5-7

27

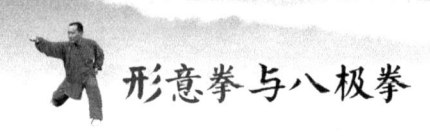

第五式　劈拳回身

接上势，左掌下落变拳，右掌也随之变拳，两拳拳心向下靠在腹部两旁。同时，身体右转约 90°，两脚以脚跟为轴内扣，两膝稍内扣。目视前方。（图 5-8）

第六式　劈拳右起势

接上势，身体继续右转约 90°，右脚向前垫步，脚尖外撇（约 45°），膝部微屈；左脚跟步紧贴右脚踝处。同时，右拳经胸前由下颌处向前上方弧形钻出，拳心斜向上，并微向外倾斜，小指向上翻转，肘尖下垂，右臂适度弯曲成弧形，右拳高与鼻尖齐平；左拳与右拳同时钻出紧贴右肘关节内侧。目视右拳。（图 5-9）

图 5-8

图 5-9

第七式　劈拳左落势

接上势，左脚向前迈一步（抬脚不要过高），膝部微屈；右脚随之跟进半步，重心仍在右腿。同时，左拳翻转变掌向前劈出，掌心向前下方，肘部微屈；右拳随之向内翻转变掌下落于腹前，拇指根节靠紧肚脐。目视左手食指。（图5-10）

此势不停，再进右脚打出左劈拳，再向原来方向打回，往返趟数不限，可根据个人体力情况而定。如此左右势交替练习到原来位置，等劈出左掌后再转身，转身动作与劈拳回身势相同，唯方向相反。（图5-11）

图 5-10

图 5-11

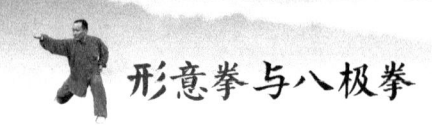

收　势

①接上势，身体右转 90°，垫右脚，钻右拳，再进左步，劈出左掌，右脚跟进半步，成劈拳左落势。（图 5-12、图 5-13）

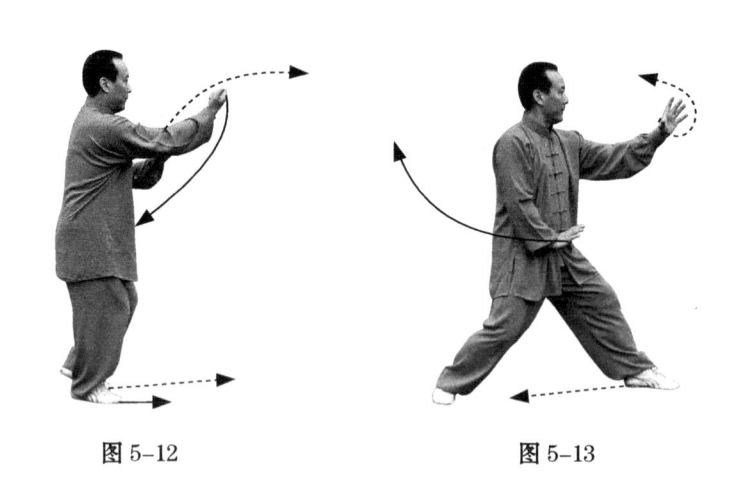

图 5-12

图 5-13

②左脚收回靠拢右脚跟。同时，两手从体侧由下而上变拳，慢慢落至腹前，两肘微屈，两拳相对，拳心向下，两腿随两拳下落轻缓站立；随即两拳变掌轻缓垂于身体两侧，气向下沉，两肩放松，身体转正。目视前方。（图 5-14—图 5-17）

要点： 劈拳似斧性属金，生钻克崩妙绝伦。润肺通鼻气须圆，起钻落翻劲要拧。

劈拳其形似斧，有劈物之意，其所用之掌为圆形掌。劈拳出手起落要两肘护肋、两手护心，手起脚起，手落脚落，手到脚到，完整一气，步法轻灵稳健。前拳上钻时为吸气，同时提肛、缩肾，自中焦领起肺气，直出中府、云门两穴；后手向前劈出时一翻一落，同时呼气，发力时随着掌的落翻，双腿微蹲成三体式，前掌向前搓、后掌向下按，肘下垂，肩向前松，收腹敛臀，含胸拔背，

五、五行拳

图 5-14

图 5-15

图 5-16

图 5-17

气沉丹田。气发而为声，声随气出，手随声落，往下劈掌时沉肩坠肘。

劈拳为三力混合一起之力，包含向下、向前、向前上方三种劲力。向下的是"劈劲"，在劈掌时沉肩坠肘，劈出后五指分开，虎口撑圆，手心空含，力达于掌的边沿；向前的劲力主要靠后腿的蹬

31

劲和肩向前松的劲力；向前上的劲力来自跟步向上的搓力和肩要沉的劲。三种劲力混合在一起，寓于一劈之中。

劈拳属金，金在五脏之中指的是肺，在两手起落钻翻的同时带动了肋间内肌、肋间外肌的运动，使肋骨上提、下拉，增大了呼吸时胸腔的扩张和收缩，使肺通气量增大，起到养肺的作用。

用法： 对手以直拳向我打来，我右手向上钻拳破坏对手直拳的力点，然后右拳变掌抓握对手右手腕，顺势向我怀里捋带，使其失去重心，随即我左手变掌用力向其面门等要害部位劈去。动作要连贯迅速，不给对手任何反应的时间，所谓"起如钢锉，回如勾杆，劈拳似斧"讲的就是这个道理。（图5-18—图5-21）

图5-18

图5-19

五、五行拳

图 5-20

图 5-21

(二) 崩拳

预备势

与三体式动作相同。（图 5-22）

图 5-22

33

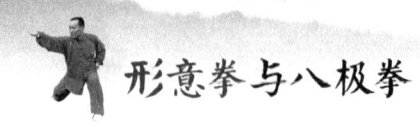

第一式　右崩拳

①接上势，右手变拳握紧或螺旋状，拳心向内紧贴腹部，右臂紧贴身体；前手（左手）及下肢动作保持三体式姿势不变。目视右拳。（图5-23）

②左脚向前迈进一步，右脚随即向前跟步，重心仍坐于右腿，前脚跟与后脚踝相对。同时，右拳顺左臂向前打出，拳眼向上；左掌变拳收回紧贴腹部，拳心向内，成右拳前伸、左腿在前的拗步姿势。目视右拳。（图5-24）

图5-23　　　　　　　　　图5-24

第二式　左崩拳

接上势，左脚继续向前进步，右脚向前跟步（步法与右崩拳势相同）。同时，左拳顺着右臂方向直向前打出，拳心向右；右拳收回紧贴腹部，拳心向内，成左拳、左腿在前的顺步姿势。目视左拳。（图5-25、图5-26）

如继续练习，则仍进左脚，跟右脚，成右崩拳势，再接左崩拳。如此可以反复交替练习。

图 5-25 　　　　　　　　　图 5-26

第三式　崩拳回身

① 接上势，左脚尖内扣，身体右转，两膝稍内扣。同时，左拳收回停于腹部左侧，右拳不动。目视前方。（图5-27）

②身体继续右转90°。提右膝，脚尖向右上方勾起，左腿微屈支撑，成左独立势。同时，右拳经胸前靠近下颌向前上方钻出，拳心斜向上，并略向外倾，小指侧向上拧劲，右臂成弧形；左拳随右拳向前上方钻出附于右肘内侧。目视右拳。（图5-28）

图 5-27 　　　　　　　　　图 5-28

35

③上动不停，右脚尽量横摆向前落地；左腿屈膝下跪，脚跟离地，左膝抵住右膝窝，成交叉右坐盘势。同时，左拳经胸前向上顺右臂向前方变掌劈下，掌心向前下方；右拳下落收回腹前，拇指紧靠脐部，掌心向下。目视左手食指。（图5-29）

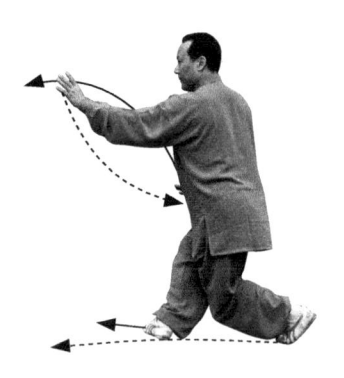

图 5-29

第四式　右崩拳

接上势，左脚向前进步，右脚跟步，距离左脚20~30厘米。同时，右拳直向前打出；左拳收回，紧贴腹部，拳心向下。（图5-30）

图 5-30

第五式　左崩拳

接上势，左脚继续向前进步，右脚向前跟步（步法与右崩拳势相同）。同时，左拳顺着右臂方向直向前打出，拳心向右；右拳收回紧贴腹部，拳心向内，成左拳、左腿在前的顺步势。目视左拳。（图 5-31）

图 5-31

此势不停，再进左脚、跟右脚、打出右崩拳，成拗步姿势。如此再向原来方向打回，往返趟数不限，要根据个人体力情况而定。

收　势

①接上势，崩拳回身，与第三式崩拳回身动作相同，唯方向、左右相反。（图5-32—图5-34）

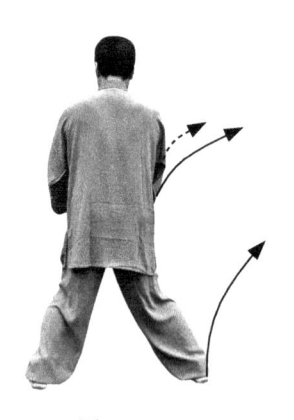

图5-32 　　　　　　　　　图5-33

图5-34

五、五行拳

②两臂屈肘向上，两掌变拳经胸前下落于腹前，随即两拳变掌垂直于身体两侧，两肩向下松沉。同时，左脚收回靠拢右脚，身体轻缓起立，然后身体转正。目视前方。（图 5-35—图 5-38）

图 5-35

图 5-36

图 5-37

图 5-38

形意拳与八极拳

要点：崩拳属木似箭穿，生炮克横紧连环。舒肝明目腰蓄劲，前跃后蹬是关键。

崩拳之特点是向前直打，左右轮换，势如破竹，历来有"半步崩拳打天下之说"。崩拳要求出拳快、直、猛，拳之出入、步之进退起落、气之呼吸开合，处处整齐协调，出拳时步法要紧跟。还要求头顶、项直、腰要塌住劲、胯合住劲。两拳交替出入，后拳要从前拳正下方打出，肘下垂、肩下沉、前松、拳握紧；前手拳出击后，后手拳护住丹田，拳心朝下，出拳时梢节紧、根节松。两肘不离肋，两拳不离心。进步时，后脚要有蹬劲，前脚向前蹚，不能出现后脚跟不上或拖地的现象，注意抬脚不要高，时刻保持三体式。

崩拳之劲，由腰催肩，肩催肘，肘催手，崩拳打出去的是向前的平直劲，拳势刚猛，故有"崩拳似箭，有射物之意"。在崩拳的平直劲道中，暗含着斜向上和斜向下的两种劲。向前的平直劲由后脚用力蹬地、前脚直向前蹚出和扭腰、顺胯、向前松肩而得；斜向上的劲，亦即拱挑之劲，是由腰配合蹬腿前拱而得；斜向下的劲，是由坠肘、沉肩、拳面微向下压并前倾等动作的配合而得。

崩拳属木，崩拳之气，发于肝脏，故崩拳在五脏之中指的是肝。在崩拳练习中，当腰转动和胁在开合时，肝气得以疏泄，脾气得以更好的运化。肝为人体重要内脏器官之一，具有特殊的代谢功能，肝气舒则心血足、筋膜健，脾气升则肌肉丰满。顶头、竖项、瞪眼，使肝经脉气由共支脉上升而出于目，对于治疗多种眼病效果均较好。

用法：崩拳的应用最广，变化也非常多。有形意拳家因为善用崩拳而闻名于世，如郭云深的半步崩拳打天下。崩拳虽动作简单，但其势很猛。对手正面与我对峙，我直接上左脚、右脚跟步、用右崩拳攻击对手腹部，亦可用左崩拳攻击。两拳相互配合，效果更佳。（图 5-39—图 5-41）

五、五行拳

图 5-39

图 5-40

图 5-41

41

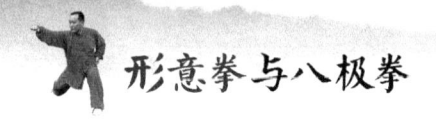

（三）钻拳

预备势

与三体式动作相同。（图5-42）

图5-42

第一式　右钻拳

①接上势，左脚向前垫步（长约一脚），脚尖外撇约45°，膝部微屈；右脚跟步紧贴左脚踝处。同时，左掌下按，左臂成弧形，高与胸平；右手变拳，拳心向下，拇指紧靠脐部。目视左手。（图5-43）

②右脚向前迈一大步，左脚随之跟进半步，重心偏于左腿。同时，右拳经胸部由下颌前顺着左掌上方钻出，高与鼻尖平；左掌变拳向内翻转（腕部向里扣）撤回腹前，拳心向下，拇指紧靠脐部。目视右拳小指。（图5-44）

图 5-43　　　　　　　　图 5-44

第二式　左钻拳

①接上势，右脚向前垫步（长约一脚），脚尖外撇约 45°，膝部微屈；左脚跟步紧贴右脚踝处。同时，右拳变掌下按，右臂成弧形，高与胸平；左手动作不变。目视右手。（图 5-45）

图 5-45

43

②左脚向前迈一大步，右脚随之跟进半步，重心偏于右腿。同时，左拳翻转经胸部由下颌前顺右掌上方钻出，拳心向上，高与鼻平；右掌变拳向内翻转（腕部向里扣）撤回腹前，拳心向下，拇指紧靠脐部。目视左拳小指。（图5-46）

如继续练习，左脚仍向前垫步、按左掌，右脚向前上步，成右钻拳势，再接左钻拳。如此可以反复交替练习。

图5-46

第三式　钻拳回身

接上势，左脚尖内扣，身体右转90°，两膝稍内扣。同时，左拳收回停于腹部左侧，右拳不动。目视前方。（图5-47）

图5-47

第四式　左钻拳

①接上势，身体继续右转90°。右脚向前垫步（长约一脚），脚尖外撇约45°，膝部微屈；左脚跟步紧贴右脚踝处。同时，右拳变掌向右上方按出，右臂成弧形，高与胸平；左手动作不变。目视右掌。（图5-48）

②左脚向前迈一大步，右脚随之跟进半步，重心偏于右腿。同时，左拳翻转经胸部由下颌前顺右掌上方钻出，拳心向上，高与鼻平；右掌变拳向内翻转（腕部向里扣）撤回腹前，拳心向下，拇指紧靠脐部。目视左拳小指。（图5-49）

图 5-48

图 5-49

此势不停，再进右脚钻出右拳。如此再向原来方向打回，往返趟数不限，要根据个人体力情况而定。

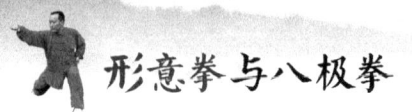

收　势

①接上势，钻拳回身，与第三式钻拳回身动作相同，唯方向、左右相反。（图 5-50—图 4-52）

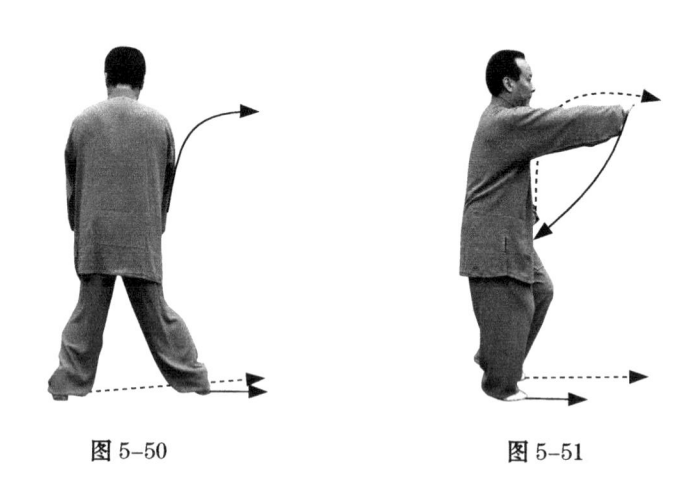

图 5-50

图 5-51

图 5-52

五、五行拳

②两臂屈肘向上，由拳变掌，然后两掌变拳经胸前下落于腹前，随即两拳变掌垂直于身体两侧，两肩向下松沉。同时，左脚收回，靠拢右脚，身体轻缓起立，呼吸平稳，然后身体转正。目视前方。（图5-53—图5-56）

图5-53

图5-54

图5-55

图5-56

47

形意拳与八极拳

要点：钻拳属水似闪电，生崩克炮顺势变。起钻如锉借腰力，周身完整气在先。

钻拳以螺丝之旋劲，攻击对方，拳势激烈，故有钻拳似电之说。从手法而言，前手可以截、盖、压、抚对方的手臂或者手腕，在将对方的进攻路线改变之后，后手拳紧跟如螺丝入木仰攻对方的鼻、下颌或者前胸，同时步法跟上，在堵截对方进攻后随即反手为攻，守与攻之间的衔接主要靠轻灵的步法来完成。

顶头、竖项、两肩、两胯抽劲，腰要塌下，提肛缩肾，气向下沉。拳有向前、向上的钻劲，肘要极力向身体中线裹劲，前臂外旋，小指上翻，发出拧劲，如同螺丝入木一般。另一手则前臂内旋，掌向下翻，有将对方手臂或者手腕扣住（改变动作路线）向下按压和向回带的劲。肩抽、胯合、腰塌，束身而进，身体如同要从狭缝中挤进去一般。在练习钻拳时手法、步法、身法协调一致，手到脚到，整齐如一。

钻拳属水，然而钻拳之气发于肾，故钻拳在五脏之中指的是肾。在练钻拳时，可以用手摸到腰脊部筋膜和肌肉有节奏的运动：脊柱一伸一缩，肌肉一张一弛，内气一起一伏，两胁一开一合，直接按摩了肾脏、肾血管和神经，改善了脊柱本身和腰部脏器的供血情况，起到了洗髓作用，肾脏还可得到充分调养而增加其功能，人体废物也得到及时排泄，同时还可以增加横韧带、棘间韧带、前后纵韧带等脊柱附属韧带的牢固性，防止脊柱病的发生。肾气充足，元阴元阳得以互根互济，肾水上潮以济心火，肾精化气，还精补脑。故钻拳可以强肾固精。

用法：从手法上讲，先用前手盖、压对手前臂或手腕，将对手进攻的手控制住，后手则紧跟着向上钻出进攻其鼻子、下颌或前胸等要害部位。对手用右拳进攻我时，我迅速用左手下按，破坏对手的进攻，随即进步用右手向上钻出进攻其下颌部位。（图5-57—图5-59）

五、五行拳

图 5-57

图 5-58

图 5-59

49

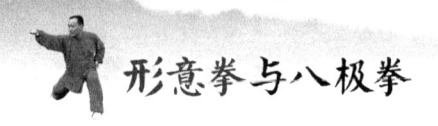

（四）炮拳

预备势

与三体式动作相同。（图 5-60）

图 5-60

第一式　右炮拳

①接上势，左脚向前垫步（长约一脚），脚尖外撇约 45°，膝部微屈；右脚跟步紧贴左脚踝处。同时，左臂微外旋，掌心斜向上方，手指向前；右臂微外旋，右掌前伸与左手心斜相对；随即两掌在右脚跟步的同时向外抓握变拳撤回，靠紧腹部两侧，拳心均向上。目视左前方。（图 5-61、图 5-62）

五、五行拳

图 5-61　　　　　　　图 5-62

②右脚向右前方斜进一步，左脚随之跟进半步，重心偏左腿。同时，右拳经胸前、面前向上翻转，拳心向外，停于右额角旁；左拳顺右脚前进方向打出，拳眼向上，肘部微屈，拳高与胸齐。目视左拳。（图 5-63）

图 5-63

51

第二式　左炮拳

①接上势，右脚向前垫步（长约一脚），脚尖外撇约45°，膝部微屈；左脚跟步紧贴右脚踝处。同时，右臂微外旋，掌心斜向上方，手指向前；左臂微外旋，左掌前伸与右手心斜相对；随即两掌在左脚跟步的同时向外抓握变拳撤回，靠紧腹部两侧，拳心均向上。目视右前方。（图5-64、图5-65）

图5-64 　　　　　　　　　图5-65

②左脚向左前方斜进一步，右脚随之跟进半步，重心偏右腿。同时，左拳经胸前、面前向上翻转，拳心向外，停于左额角旁；右拳顺左脚前进方向打出，拳眼向上，肘部微屈，高与胸齐。目视右拳。（图5-66）

如果继续练习，则仍进左脚垫步、跟右脚，成右炮拳势，再接左炮拳。如此可以反复交替练习。

图 5-66

第三式　炮拳回身

接上势,打出左炮拳之后,以右脚掌为轴,身体速向右后转,左脚随着转体方向向右脚内侧扣步落地,右脚随即提起紧靠左脚踝内侧处。同时,两臂随转体左臂微外旋,两拳变掌,左掌心斜向上方,手指向前,右臂微外旋,右掌前伸与左手心斜相对;随即两掌在右脚提靠的同时向外抓握变拳撤回,靠紧腹部两侧,拳心均向上。目视右前方。(图5-67、图5-68)

图 5-67 　　　　　　　　图 5-68

53

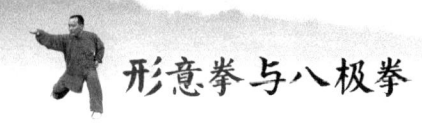

第四式　右炮拳

接上势，右脚向右前方斜进一步，左脚随之跟进半步，重心偏左腿。同时，右拳经胸前、面前向上翻转，拳心向外，停于右额角旁；左拳顺右脚前进方向，向前打出，拳眼向上，肘部微屈，高与胸齐。目视左拳。（图5-69）

图5-69

第五式　左炮拳

①接上势，右脚向前垫步（长约一脚），脚尖外撇约45°，膝部微屈；左脚跟步紧贴右脚踝处。同时，两拳变掌，两臂微外旋，右掌心斜向上方，手指向前，左掌前伸与右手心斜相对；随即两掌在左脚跟步的同时向外抓握变拳撤回，靠紧腹部两侧，拳心均向上。目视左前方。（图5-70、图5-71）

②左脚向左前方斜进一步，右脚随之跟进半步，重心偏右腿。同时，左拳经胸前、面前向上翻转，拳心向外，停于左额角旁；右拳顺左脚前进方向，向前打出，拳眼向上，肘部微屈，高与胸齐。目视右拳。（图5-72）

五、五行拳

图 5-70

图 5-71

图 5-72

此势不停，再进左脚垫步打出右炮拳。如此再向原来方向打回，往返趟数不限，可根据个人体力情况而定。

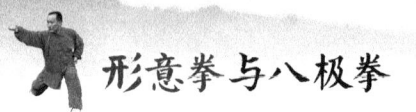

收　势

①接上势，炮拳回身，与第三式炮拳回身动作相同，唯方向、左右相反。（图 5-73—图 5-75）

图 5-73

图 5-74

图 5-75

五、五行拳

②两臂屈肘向上，由拳变掌，两掌向上、向下变拳经胸前下落于腹前，随即两拳变掌垂于身体两侧，两肩向下松沉。同时，左脚收回靠拢右脚，身体轻缓起立，然后身体转正。目视前方。（图5-76—图5-79）

图 5-76

图 5-77

图 5-78

图 5-79

要点：炮拳似炮性属火，生横克劈妙无双。斜行架冲顾兼打，磨胫跃步往前闯。

练习炮拳时头顶如泰山压顶，项竖如饿虎争食，舌抵如舔物，齿叩如咬肉斩筋。周身毛孔要紧，两肩要松，向回抽劲，外松而内实紧，手足之起钻、落翻、进步、拧腰整齐一致，炮拳沿左右向折线前进，两拳穿架前冲，左右轮换，身法为半斜的拗步型，拳势激烈活泼，步法、拳法协调一致。

练习炮拳时还要求手脚齐到，脚到、拳落、劲出。其中包含着内裹、钻、拧、翻，既要有内裹之力和上钻之力，又要有外开与向上拧翻之力。强调以腰发力，同时注意用后腿蹬劲助腰拧劲，以腰之拧劲（顺胯）催动肩向前，以肩催肘，以肘催手。

炮拳属火，炮拳之气，发于心脏。此式练的是一气之开合，用的是血梢之力，可以养心。故对于心脏病和冠心病等患者有一定的治疗作用。体弱者练习炮拳时，必须注意运动量不宜过大和出拳力度不宜过猛，动作要缓和，并与呼吸协调。长期坚持炮拳锻炼，可使心率减慢，回心血流量增加，舒张期延长，心搏出量增多，同时可使心肌毛细血管相应扩张，心肌获得更多的血和氧气的供应，从而改善新陈代谢，增加心脏储备力，有助于改善和提高全身健康状况。

用法：若是对手先进攻，则不论对手用的是冲拳、贯拳或抄拳，我均可以前手向外拧翻化开对手攻势，同时以后手拳直线向对手腹部进攻。当对手以右冲拳向我进攻时，我迅速上步，左手向外拧翻格挡对手右拳，同时用右手进攻其腹部。反之，对手用左拳进攻我时，我右手格挡，左手进攻。（图5-80、图5-81）

图 5-80　　　　　　　　　图 5-81

（五）横拳

预备势

与三体式动作相同。（图 5-82）

图 5-82

第一式　左横拳

接上势，左脚向左前方斜进一步，右脚随之跟进半步，膝部微屈，重心偏右腿。同时，两掌变拳，右拳经胸前由左肘下方随右前臂外旋向前拧转冲出，拳心向上，高与口齐，肘部微屈成弧形；左拳随上体左转，收回紧贴腹部，拳心向内。目视右拳。（图5-83、图5-84）

图5-83

图5-84

第二式　右横拳

接上势，左脚继续向左前方垫步（长约一脚），膝部微屈，右脚跟步紧贴左脚踝处；随即身体右转，右脚向右前方迈一大步，左脚跟进半步，重心偏于左腿。同时，左拳拧着劲由右肘下方向前冲出，拳心向上，高与口齐，肘部微屈成弧形；右拳随上体右转收回紧贴腹部，拳心向内。目视左拳。（图 5-85—图 5-87）

图 5-85　　　　　　　　　图 5-86

图 5-87

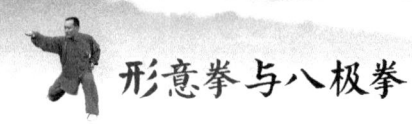

第三式　左横拳

接上势，右脚继续向右前方垫步（长约一脚），膝部微屈，左脚跟步紧贴右脚踝处；随即身体左转，左脚向左前方迈一大步，右脚跟进半步，重心偏右腿。同时，右拳经胸前拧着劲由左肘下方向前冲出，拳心向上，高与口齐；左拳收回紧贴腹部，拳心向内。目视右拳。（图5-88—图5-90）

图5-88

图5-89

图5-90

如果继续练习，左脚则继续向左前垫步、右脚跟步，打出右横拳，再接左横拳。如此可以反复交替练习。

第四式　横拳回身

接上势，以右脚掌为轴，身体速向右后转，左脚随转体方向向右脚内侧扣步落地，右脚随即提起紧靠左脚踝关节内侧处。两手保持不变。（图 5-91、图 5-92）

图 5-91

图 5-92

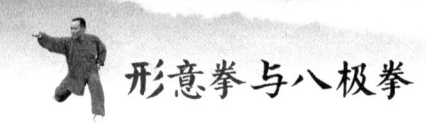

第五式　右横拳

接上势，身体右转，右脚提起向右前方进一大步，左脚随之跟进半步，重心偏左腿。同时，左拳在身体转动时，由腹前经右肘下方向前冲出；右拳收回紧贴腹部，拳心向内。目视左拳。（图5-93）

图 5-93

第六式　左横拳

接上势，右脚继续向右前方垫步（长约一脚），膝部微屈，左脚跟步紧贴右脚踝处；随即身体左转，左脚向左前方迈一大步，右脚跟进半步，重心偏右腿。同时，右拳经胸前拧着劲由左肘下方向前冲出，拳心向上，高与口齐；左拳收回紧贴腹部，拳心向内。目视右拳。（图5-94—图5-96）

五、五行拳

图 5-94   图 5-95

图 5-96

此势不停，左脚仍继续向左前垫步，打出右横拳。如此再向原来方向打回，往返趟数不限，要根据个人体力情况而定。

65

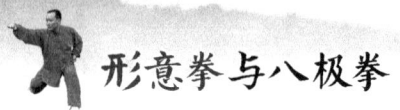

收　势

①接上势，横拳回身，与第四式横拳回身动作相同，唯方向、左右相反。（图 5-97—图 5-99）

图 5-97

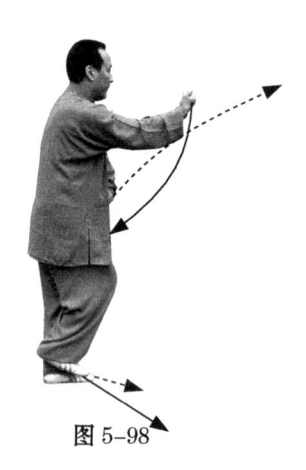

图 5-98

图 5-99

②两臂屈肘向上，由拳变掌，两掌变拳经胸前下落于腹前，随即两拳变掌垂于身体两侧，两肩向下松沉。同时，左脚收回靠拢右脚，身体轻缓起立，然后身体转正。目视前方。（图 5-100—图 5-103）

图 5-100

图 5-101

图 5-102

图 5-103

形意拳与八极拳

要点：横拳似弹性属土，生劈克钻用自如。起横落顺不露横，搭手能打又能顺。

横拳既是顾法也是打法，其运动路线沿折线斜向前进。顺肘下拧裹而出，出拳时既有前冲之力，又有横拨之劲，拳势含蓄有力，如弹击出，故有横拳似弹之说。横拳要求身体拗步斜身，以横破直，起横不见横，且不能用胳膊横拨。在练习时要顶头、竖项、沉肩、顺肩、拧腰、合胯、扣膝、咽喉微有向前之意。上步时前脚微微垫步，脚尖不可外撇；后脚进步要大，必须经过前脚内踝，两胫相摩，侧走一弧形路线。进步时身体保持平稳，不可有起伏。发劲时，脚有后蹬之力，腰有前挺之力，臂有内裹、外横、前钻之力，三力融为一体的劲路，就是拳谱所说的"其形似弹"和"起横不见横"。

横拳属土，其气发于脾脏，练时总要性实、气和、形圆、劲顺，方为得体。对肠胃起到缓和抚摩作用，可帮助其消化、吸收、流通、排泄。长期坚持练习对脾肾阳虚、慢性胃炎、溃疡性结肠炎等都有比较明显的疗效。初练者往往感到肠鸣辘辘，此乃肠气通畅的征兆；久练者食欲增进，体重增加，这也是脾主肌肉的具体表现。

用法：形意拳谱上说："出手横拳，横拳属土，土生万物。"横拳的应用最为广泛，当与对手交手时大多为横劲。当对手以右冲拳向我进攻时，我进步用右手横拳化掉其势攻，使其进攻无着力之处。（图5-104）

图5-104

六、十二形拳

（一）龙形

龙形主要锻炼身法的伸缩起落、手法的钻翻屈伸和步法的盘曲跳跃转换。要求起如"伏龙升天"，落如"蛰龙翻浪"，体现龙有搜骨之法的妙用。龙形练习时，一起一落沿直线进行，起跳时要求两脚高腾，落地后下肢盘坐稳健，拧腰折身，身体贴近地面，身法灵活矫健，吞吐起伏轻灵，手法起钻落翻，拧裹不懈。

预备势

与三体式动作相同，参见图 5-1。

第一式　左俯卧势

①接上势，身体稍左转，重心偏于左脚，右脚脚尖点地。同时，右掌变拳贴身体向上钻出至左脸旁，高于头，拳心向内，拳面向上；左掌形不变，回收置于左腰旁，掌心向下。目视右拳。（图 6-1）

②身体右转，带动右手向后回拉变掌，收于右胸前，掌心向下；左掌顺右前臂向前、

图 6-1

向上穿出，掌心向上。同时，右脚向前上步横落，全脚掌着地，脚尖外展（整个动作犹如蛟龙向上盘旋飞升）。目视前方。（图6-2）

③身体下蹲，两腿屈膝交叉，左膝紧靠右膝窝，臀部落在左脚跟上，右脚尖外展踏实。同时，左掌继续向下劈落至胯齐，掌心向下；右掌回拉至右胯侧。身体稍右转，微向前倾。目视左掌。（图6-3）

图 6-2　　　　　　　　　图 6-3

第二式　右俯卧势

①接上势，左手向后回拉，抓握成拳，身体随左手回拉之时起立稍右转，左拳贴身体向前、向上钻出至右脸旁，略高于头，拳心向内，拳面向上；右手掌形不变，回收置于右腰旁，掌心向下。身体重心偏于右脚，右脚脚尖点地。目视左拳。（图6-4）

②身体向左转动，带动左手向后回拉变掌，收于左腰侧，掌心向下；右掌顺左前臂向前、向上穿出，掌心向上。同时，左脚提

起，脚尖外展（整个动作犹如蛟龙向上盘旋飞升）。目视前方。（图 6-5）

③左脚向前横落，全脚掌着地，两腿屈膝下蹲，右膝紧靠左膝窝，臀部落在右脚跟上，左脚尖外展踏实。同时，右掌继续向前、向下劈落至胯齐，掌心向下；左拳变掌后拉至左胯侧。身体稍左转，微向前倾。目视右掌。（图 6-6）

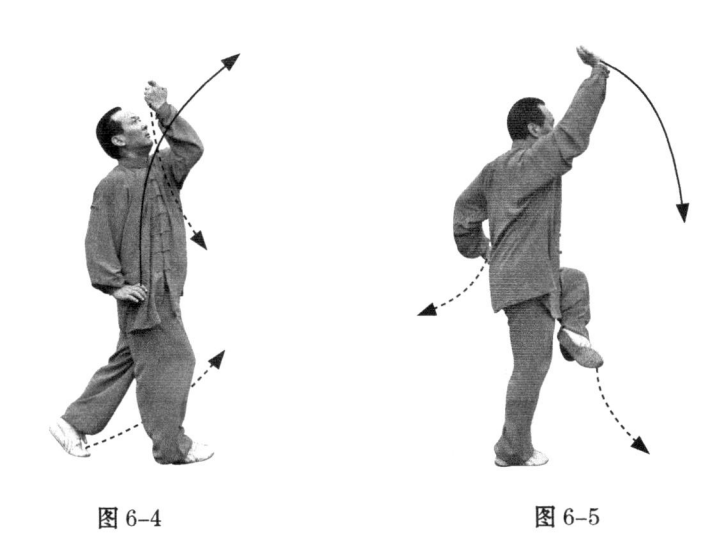

图 6-4　　　　　　　　图 6-5

图 6-6

第三式　左起落势

①接上势，两脚用力蹬地向上跳起，在空中两脚换成右前左后的交叉步，身体向右转动。同时，右掌贴身体向前、向上钻出至左脸旁，掌心向前；左掌顺右前臂经右掌向前、向上穿出，掌心向上。目视左掌。（图6-7）

②两脚落地，右脚向前外展横落，全脚掌着地，两腿屈膝下蹲，左膝紧靠右膝窝，臀部落在左脚跟上。同时，左掌由上向前、向下劈落至胯齐，掌心向下；右掌拉回至右胯侧。身体稍右转，微向前倾。目视左掌。（图6-8）

图6-7　　　　　　　　　图6-8

第四式　右起落势

①接上势，两脚用力蹬地向上跳起，在空中两脚换成左前右后的交叉步，身体向左转动。同时，左掌贴身体向前、向上钻出至右脸旁，掌心向前；右掌顺左前臂经左掌向前、向上穿出，掌心向上。目视右掌。（图6-9）

②两脚落地，左脚向前外展横落，全脚掌着地，两腿屈膝下蹲，右膝紧靠左膝窝，臀部落在右脚跟上。同时，右掌由上向前、向下劈落至胯齐，掌心向下；左掌拉回至左胯侧，高与胯齐。身体稍左转，微向前倾。目视右掌。（图6-10）

图 6-9　　　　　　　　图 6-10

收 势

接上势，两臂屈肘，两掌向上、向里经胸前下落变拳，拳面相对，拳心向下，置于腹前。同时，左脚收回靠拢右脚，身体轻缓起立，然后转正，两肩向下松沉，两拳变掌垂于体侧，成立正姿势。目视前方。（图6-11—图6-13）

图 6-11

图 6-12    图 6-13

六、十二形拳

（二）虎形

虎形动作模仿虎的威严姿态和扑食勇猛的特长编创的，要求足有蹬劲，纵步要快、要远，抬足不可过高，落步稳健，沿折线前进；两手起钻落翻明显，向前、向下扑按走弧线，类似"双劈拳"动作。身体与翻掌扑按协调一致，体现出老虎扑食之猛，故虎形俗称"虎扑"。

预备势

与三体式动作相同，参见图 5-1。

第一式　右步虎扑

①接上势，左脚向斜前方垫步，左腿屈膝半蹲；右脚跟进，提起靠在左脚踝内侧处；同时，两手向外抓握变拳收回腹前，拳心向上，拳面斜向前。（图 6-14、图 6-15）

图 6-14　　　　图 6-15

②身体右转，随之右脚向右斜前方上一大步，左脚跟进半步。同时，两拳上钻经胸前至嘴前翻转变掌，掌心向前，随左脚跟进落地向前伸臂扑出，高与胸齐，两臂微屈，两拇指相对，松肩坠肘。目视前方。（图6-16）

图 6-16

第二式　左步虎扑

①接上势，右脚继续向前垫步，右腿屈膝半蹲；左脚跟进，提起靠在右脚踝内侧处。同时，两手向外抓握变拳收回腹前，拳心向上，拳面斜向前。（图6-17）

②身体左转，随之左脚向左斜前方上一大步，右脚跟进半步。同时，两拳上钻经胸前至嘴前翻转变掌，掌心向前，随右脚跟进落地向前伸臂扑出，高与胸齐，两臂微屈，两拇指相对，松肩坠肘。目视前方。（图6-18）

第一式、第二式可反复交替进行练习。

图 6-17　　　　　　　　　图 6-18

第三式　虎扑回身

接上势，以右脚掌为轴，身体迅速向右后转，左脚随转体向左前方上步落在右脚旁边；身体重心上提，右脚脚尖点地，随即右脚回收，提起靠在左脚踝内侧处。同时，两手向外抓握变拳收回腹前，拳心向上，拳面斜向前。（图 6-19、图 6-20）

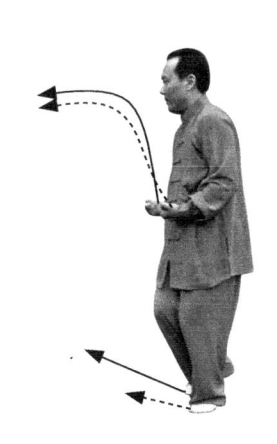

图 6-19　　　　　　　　　图 6-20

77

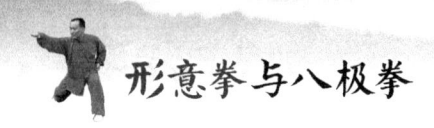

第四式　右步虎扑

接上势，右脚向右斜前方上一大步，左脚跟进半步。同时，两拳上钻经胸前至嘴前翻转变掌，掌心向前，随左脚跟进落地向前伸臂扑出，高与胸齐，两臂微屈，两拇指相对，松肩坠肘。目视前方。（图 6-21）

图 6-21

第五式　左步虎扑

①右脚继续向前垫步，右腿屈膝半蹲；左脚跟进、提起靠在右脚踝内侧处。同时，两手向外抓握变拳收回腹前，拳心向上，拳面斜向前。（图 6-22）

②身体左转，随之左脚向左斜前方上一大步，右脚跟进半步。同时，两拳上钻经胸前至嘴前翻转变掌，掌心向前，随右脚跟进落地向前伸臂扑出，高与胸齐，两臂微屈，两拇指相对，松肩坠肘。目视前方。（图 6-23）

第四式、第五式可反复交替进行练习。

六、十二形拳

图 6-22　　　　　图 6-23

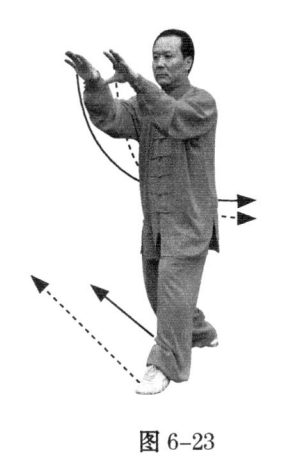

收　势

接上势，还原到起势一端，打出左步虎扑之后，做虎扑回身势，再打出右步虎扑，稍停，两掌向上、向里由胸前下落变拳，拳面相对，拳心向下，置于腹前。同时，左脚收回靠拢右脚，身体轻缓起立，两肩松沉，两拳变掌，垂于体侧，然后转正，成立正姿势。目视前方。（图 6-24—图 6-28）

图 6-24　　　　　图 6-25

79

图 6-26　　　　　　　　图 6-27

图 6-28

（三）猴形

猴性敏且精灵。拳经云："猴有纵山之灵，攀缘之巧。"它的轻灵确非其它动物可比。我们学练猴形都要意动身随，手脚合一，以求一动周身俱动，并能一发即到，磨砺习久，则不难得猴形之精微。

六、十二形拳

预备势

与三体式动作相同,参见图 5-1。

第一势　猴子爬杆

①接上势,右脚向前迈进一步,左脚不动。同时,右手变拳握紧成螺旋状向前打出,拳眼向上;左掌变拳收回紧贴腹部,拳心向内。目视前方。(图 6-29)

②重心稍偏于左腿,随之两拳变掌微前伸,左手回收,同时右手顺左掌背向前推出,两手动作不停,右手回收,左手顺右手掌背向前推出,如此连续做两次左右手向前推出。同时,右腿提膝,脚面绷紧。目视前方。(图 6-30、图 6-31)

图 6-29

图 6-30 　　　　图 6-31

81

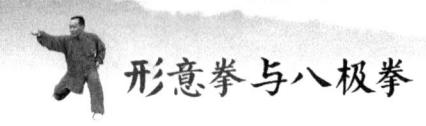

第二势　猴子叼索

接上势，右手顺左掌背，向下刁手，右手屈腕，四指弯曲并拢，拇指贴紧食指；左手收回与右手手型相同，屈腕置于胸前，左臂屈肘，上臂紧贴胸前。下肢动作不变。目视前方。（图 6-32）

图 6-32

收　势

接上势，右脚下落，两臂屈肘，两刁手变掌向上、向里经胸前下落，两掌变拳，拳面相对，拳心向下，置于腹前。同时，左脚收回靠拢右脚，身体轻缓起立，然后转正，两肩松沉，两拳变掌，垂于体侧，成立正姿势。目视前方。（图 6-33—图 6-36）

六、十二形拳

图 6-33 　　　　　　　　图 6-34

图 6-35 　　　　　　　　图 6-36

(四) 马形

马有疾蹄之功，猛烈而富有冲力，故在运动中要突出表示马在奔腾中向前冲撞之特点。在步法上要求后腿用力蹬地，前腿极力远迈，周身协调完整。

预备势

与三体式动作相同，参见图 5-1。

第一式　右步马形

①接上势，左脚向斜前方垫步，左腿屈膝半蹲；右脚跟进，提起靠在左脚踝内侧处。同时，右手在上、左手在下，两手从左向右内收变拳，相距约 20 厘米，拳心向下，左拳贴近腹前。目视前下方。（图 6-37、图 6-38）

②身体右转，右脚向右斜前方上一大步，左脚跟进半步。同时，两拳顺着右脚上步方向向外发力，力达前臂外侧。目视前方。（图 6-39）

图 6-37

图 6-38　　　　　图 6-39

第二式　左步马形

①接上势，右脚向前方上半步，右腿屈膝半蹲；左脚跟进，提起靠在右脚踝内侧处。同时，左拳在上、右拳在下，两拳从右向左内收，相距约 20 厘米，拳心向下，右拳贴近腹前。目视前下方。（图 6-40、图 6-41）

②身体左转，左脚向左斜前方上一大步，右脚跟进半步。同时，两拳顺着左脚上步方向向外发力，力达前臂外侧。目视前方。（图 6-42）

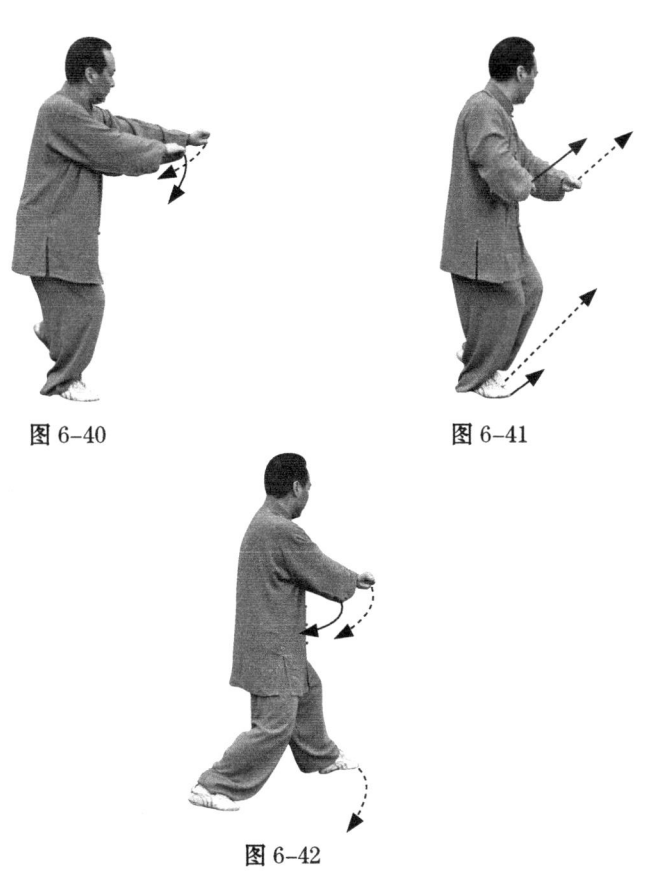

图 6-40　　　　　　图 6-41

图 6-42

第一式、第二式可反复交替进行练习。

第三式　马形回身

接上势，以右脚掌为轴，身体迅速向右后转，左脚随转体方向向左前迈步，身体重心在两腿之间，随即右脚回收，提起靠在左脚踝关节内侧处。同时，两拳由左向右内收，相距约20厘米，拳心向下，左拳贴近腹前。目视前下方。（图6-43、图6-44）

图6-43 　　　　　　图6-44

第四式　右步马形

接上势，右脚向右斜前方上一大步，左脚跟进半步。同时，两拳顺着右脚上步方向向外发力，力达前臂外侧。目视前方。（图6-45）

图6-45

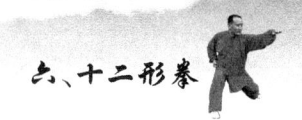

第五式　左步马形

①接上势，右脚向前方上半步，右腿屈膝半蹲；左脚跟进，提起靠在右脚踝内侧处。同时，左拳在上、右拳在下，两拳从右向左内收，相距约20厘米，拳心向下，右拳贴近腹前。目视前下方。（图6-46、图6-47）

②左脚向左斜前方上一大步，右脚跟进半步。同时，两拳顺着左脚上步方向向外发力，力达前臂外侧。目视前方。（图6-48）

第四式、第五式可反复交替进行练习。

图 6-46　　　　　　　　　　图 6-47

图 6-48

收 势

接上势，还原到起势一端、打出左步马形之后，做马形回身势（参见回身势说明），再打出右步马形，稍停，两拳变掌向上、向里由胸前下落，垂于体侧。同时，左脚上步靠拢右脚，成立正姿势，然后转正。目视前方。（图6-49—图6-54）

图 6-49

图 6-50

图 6-51

图 6-52

图 6-53　　　　　　图 6-54

（五）鼍形

鼍为水中动物，俗称"猪婆龙"，有浮水之能。鼍形要求手、眼、身法、步上下相随，周身协调。尤其强调以腰为轴，用腰劲带动四肢的动作，既显示翻江鼓浪之气势，又体现浮水漫游之轻灵。鼍形动作沿折线前进，犹如鱼游水中，摇身摆尾，灵活自如。

预备势

与三体式动作相同，参见图 5-1。

第一式　左斜方上步独立捋手

接上势，左脚向左斜前方上步，右脚提起跟至左脚内侧不落地（或脚尖点地）。同时，左手外旋至手心向外，从右自左经面门横拨捋出，捋至左肩上方内旋成掌心向下，高与肩齐，左臂撑圆；右手外旋收回腹前，掌心向上。目视左掌。（图 6-55）

图 6-55

第二式　右斜方上步独立捋手

接上势，右脚向右斜前方上步，左脚提起跟至右脚内侧不落地（或脚尖点地）。同时，右手从左自右经面门横拨捋出，捋至右肩上方内旋成掌心向下，高与肩齐，右臂撑圆；左手外旋收回腹前，掌心向上。目视右掌。（图 6-56）

第一式、第二式可反复交替进行练习。

图 6-56

第三式　向左摆扣步转身双穿掌

接上势，左脚向左斜前方上一大步，两手向身体两侧翻转成掌心向上，两臂伸直，随之右脚向左摆扣落在左脚旁，左脚为轴身体左后转360°。同时，两掌掌指领先，贴身体从两腰处向后穿出，掌心向后，掌指向下。随即两腿屈膝半蹲，两脚并步。目视前方。（图6-57—图6-59）

图6-57

图6-58 　　　　　　　图6-59

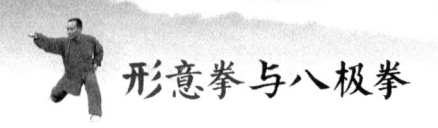

第四式　左上步双托掌

接上势，左脚向左斜前方上一大步，右脚跟进半步。同时，两掌外旋成掌心向前用力向前托出，掌指斜向下。目视前方。（图 6-60）

图 6-60

第五式　鼍形回身

①接上势，身体右转 90°，左脚向左前方上步，脚尖内扣。同时，两掌变拳收回腹前，拳心向下，拳面相对。目视前方。（图 6-61）

②身体继续右转 90°，右膝向上提起，脚尖向右上方勾起；左腿微屈，成左独立势。同时，右拳经胸前靠近下颌向前上方钻出，拳心斜向上，略向外倾，小指侧向上拧劲，右臂成弧形。目视右拳。（图 6-62）

③上势不停，右脚尽量横摆向前落地，身体右转，两腿屈膝下蹲，左脚跟离地，左膝抵住右膝窝，成交叉坐盘势。同时，左拳在

右脚下落时经胸前向上顺右臂向前方变掌劈下，掌心向前下方；右拳下落变掌收回腹前，拇指紧靠脐部，掌心向下。目视左手食指。（图 6-63）

图 6-61

图 6-62　　　　　图 6-63

第六式　左斜方上步独立捋手

接上势，左脚向左斜前方上步，右脚提起跟至左脚内侧不落地（或脚尖点地）。同时，左手外旋手心向外，从右自左经面门横拨捋

出，捋至左肩上方微外旋成掌心斜向下，高与肩齐，左臂撑圆；右手在腹前外旋翻转，掌心向上。目视左掌。（图6-64）

图 6-64

第七式　右斜方上步独立捋手

接上势，右脚向右斜前方上步，左脚提起跟至右脚内侧不落地（或脚尖点地）。同时，右手从左自右经面门横拨捋出，捋至右肩上方内旋成掌心斜向下，高与肩齐，右臂撑圆；左手下落外旋收回腹前，掌心向上。目视右掌。（图6-65）

图 6-65

第六式、第七式可反复交替进行练习。

第八式　向左摆扣步转身双穿掌

接上势，左脚向左斜前方上一大步。同时，两手向身体两侧翻转成掌心向上，两臂伸直，随之右脚向左摆扣落在左脚旁，以左脚为轴身体右后转体360°。同时，两掌掌指领先，贴身体从两腰处向后穿出，掌心向后，掌指向下。随即两腿屈膝半蹲，两脚并步。目视前方。（图6-66、图6-67）

图6-66　　　　　　图6-67

第九式　左上步双托掌

接上势，左脚向左斜前方上一大步，右脚跟进半步。同时，两掌掌心向前，掌指向下用力向前托出。目视前方。（图6-68）

图 6-68

第十式 鼍形回身

①接上势，身体右后转 90°，左脚向左前方上步，脚尖内扣。同时，两掌变拳收回腹前，拳心向下，拳面相对。目视前方。（图 6-69）

②身体继续右转 90°，右膝向上提起，脚尖向右上方勾起；左腿微屈，成左独立势。同时，右拳经胸前靠近下颌向前上方钻出，拳心斜向上，并略外倾，小指侧向上拧劲，右臂成弧形。目视右拳。（图 6-70）

③上势不停，右脚尽量横摆向前落地，身体右转，左腿屈膝下蹲，脚跟离地，左膝抵住右膝窝，成交叉坐盘势。同时，左拳在右脚下落时经胸前向上顺右臂向前变掌劈下，掌心向前下方；右拳下落变掌收回腹前，拇指紧靠脐部，掌心向下。目视左手食指。（图 6-71）

六、十二形拳

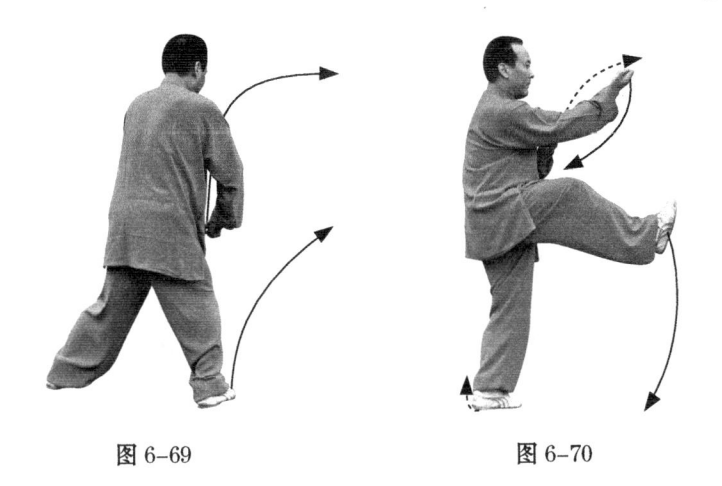

图 6-69　　　　　　　图 6-70

图 6-71

收　势

接上势，两臂向两侧打开，两掌向上、向里经胸前下落，两掌变拳，拳面相对，拳心向下，置于腹前。同时，左脚收回靠拢右脚，身体轻缓起立，然后转正，两肩向下松沉，两拳变掌，垂于体侧，成立正姿势。目视前方。（图 6-72—图 6-74）

97

图 6-72　　　　　　　图 6-73

图 6-74

（六）鸡形

鸡形是模仿鸡的各种本能特长而创制的，动作较多，自成一个简短的套路。其中有些动作是体现鸡的"独立之能""食米之准""抖翎之威"和"争斗之勇"等特长的。它通过操练各种进

退转换的身法、步法和手法，使身体各项素质得到全面的锻炼和提高。

预备势

与三体式动作相同，参见图 5-1。

第一式　前进步穿掌（金鸡独立）

接上势，左脚向前上一步，左腿屈蹲；右腿跟进到左脚内侧，脚尖上翘，紧靠在左脚踝处，成左独立步。同时，右掌由左掌下方向前穿出，高与胸齐；左掌收至腹部（肚脐处）。目视右掌。（图 6-75）

图 6-75

第二式　后退步穿掌（金鸡独立）

接上势，右脚后撤一大步，右腿屈蹲；左脚退回到右脚内侧，脚尖上翘，紧靠在右脚踝处，成右独立步。同时，右掌后收至腹部（肚脐处）；左掌由右掌下方向前穿出，高与胸齐。目视左掌。（图 6-76）

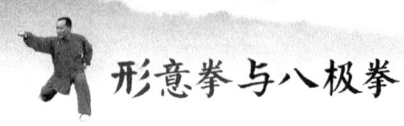

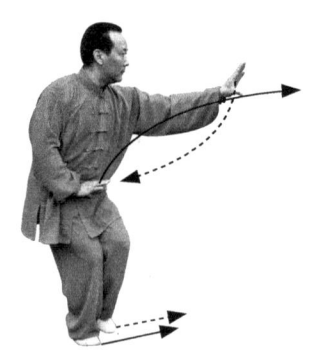

图 6-76

第三式　斜左进步穿掌（金鸡独立）

接上势，左脚向左前方尽力斜跨一大步，左腿屈蹲；右脚跟进到左脚内侧，右脚提起，脚尖上翘，紧靠在右脚踝处，成左独立步。同时，右掌由左掌下方向前穿出，高与胸齐；左掌收至腹前。目视右掌。（图 6-77）

图 6-77

第四式　斜右进步穿掌（金鸡独立）

接上势，右脚向右前方尽力斜跨一大步，右腿屈蹲；左脚跟进到右腿内侧，左脚提起，脚尖上翘，紧靠在右脚踝处，成右独立步。同时，左掌由右掌下方向前穿出，高与胸齐；右掌收至腹部。目视左掌。（图6-78）

图 6-78

第五式　纵步前穿掌（金鸡食米）

接上势，两手不动，左右脚连续上步，两腿并步屈蹲。同时，右掌变拳从腰间打出，发力瞬间向下抖腕；左掌收回至右前臂处立腕，紧靠右前臂。目视右拳。（图6-79—图6-82）

图 6-79

图 6-80

图 6-81

图 6-82

第六式　右后转身（金鸡抖翎）

接上势，身体右转约 90°，右脚向后退一步，左脚随之稍向后撤，成半马步。同时，左掌尽力向左下方撑开置于左大腿旁；右臂屈肘上架，高与肩平，目视左掌。略停，身体急向右转约 90°，左

腿后蹬；左掌继续向后撑，停于后方，掌心向后；右拳撑到头部右额角前，拳心向外。目视前下方。（图6-83、图6-84）

图6-83 　　　　　　　　图6-84

第七式　独立下插掌（金鸡上架）

接上势，左脚向前进一步，屈膝半蹲，右脚跟到左腿内侧紧靠左脚踝处。同时，右拳变掌翻转成掌心向上，向下经体侧由后向上、向前画立圆，向前下方插下；左掌由后向上、向前画立圆从体侧向下插出，停在右肩侧，指尖向上。目视右前方。（图6-85—图6-87）

图6-85

103

形意拳与八极拳

图 6-86　　　　　　　图 6-87

第八式　进步右挑掌（金鸡报晓）

接上势，右脚向前上一步，膝部微屈，左脚随之跟进半步，重心偏于左腿。同时，两臂右上左下分开，右掌挑起，高与肩平，指尖斜向下，右臂微屈；左手下落于腹前，掌心向下。目视右手。（图6-88）

图 6-88

第九式　进步左劈掌

接上势，左脚向前进步，右脚跟进半步，重心偏于右腿。同时，左手顺右臂内侧向上、向前劈下，高与胸齐；右掌收至腹前。目视左掌食指。（图6-89）

图6-89

重复第一式至第九式动作，唯方向相反，往返趟数不限。

收　势

往返打出进步左劈掌到原来起势的位置时，左脚收回靠拢右脚跟。同时，两手从体侧由下向上、向里变拳，慢慢落至腹前，两肘微屈，两拳相对，拳心向下；两腿也随之轻缓站起；随即两拳变掌，垂于体侧，身体仍斜向前方，气向下沉，两肩放松，然后转正。目视前方。（图6-90—图6-93）

图 6-90 　　　　　　　　图 6-91

图 6-92 　　　　　　　　图 6-93

（七）鹞形

鹞为猛禽类动物，鹞形模仿其"束身之威""入林之巧""钻天之能""翻身之疾"编创的动作，着重锻炼身法和手法的变化，

突出表现刚健、完整的神态。鹞形对肩、腰、胯部的动作及眼神的配合都有很高的要求。既要求形象逼真、劲力完整，又要求动作准确、特点突出。

预备势

与三体式动作相同，参见图5-1。

第一式　鹞子入林

接上势，右脚向前上一大步，身体左转，右腿屈膝前弓，成左弓步。同时，两掌变拳，右拳由左拳上面向前、向上钻出，高与眉齐，拳心向上；左拳收回至右腋窝处，拳心向下。目视右拳。（图6-94）

图6-94

第二式　鹞子闪身

接上势，左脚尖外展，右脚尖内扣，身体左转，成左俯身弓步。同时，左臂随转体向左外摆至拳心向上，上臂紧贴身体；右拳内旋翻转至拳心向上，右臂伸直。目视右拳。（图6-95）

图 6-95

第三式　鹞子翻身

①接上势，两脚原地拧转，身体右转，重心移至右腿，成右弓步，身体稍向右倾斜，膝盖正对右前方。同时，右拳经左臂外侧向上横肘架起至头上，左臂向下沉肘，左拳回收至胸前；随即右拳向后拉至右肩前，成右拳在外、左拳在内，拳心向内。目视右前方。（图 6-96）

②两脚不动，上体左转。左拳内旋抬肘，拳眼向内，顺左肋、左胯向下插。同时，右腿屈膝下蹲，左腿平铺伸直。左拳顺左腿内侧前伸外旋至拳眼向上，右拳向后拉回至腰侧。目视左拳。（图 6-97）

图 6-96 　　　　　图 6-97

第四式　鹞子缩身

接上势，左拳前伸，重心移至左脚，左腿屈膝；右脚向前上步至左脚前方用力向下震脚，左脚提起，脚面紧扣右膝窝处，右膝微屈。同时，右拳自右腰侧上提至心窝，向前、向下打出，高与裆齐；左拳拉回至腹前，两拳交叉，左拳在内，拳心向里，右拳在外，拳眼向前。头向上顶，目视前方。（图 6-98）

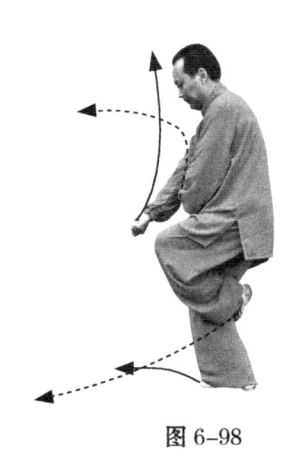

图 6-98

第五式　鹞子钻天

接上势，左脚向前上一大步，右脚跟进半步。同时，右臂屈肘，右拳上钻，高与眉齐，左拳上提至心窝处，随左脚上步向前打出，高与胸齐，拳眼向上；随即右前臂内旋翻转，右肘下垂，右拳在右额角处，拳心向前，距额角一拳。目视左拳前方。（图 6-99）

图 6-99

第六式　鹞子入林

①接上势，右脚向前上一大步，身体左转，右腿屈膝前弓，成右弓步。同时，右手由左拳上面向前、向上钻出，高与眉齐，拳心向上；左拳收回至右腋窝处，拳心向下。目视右拳。（图 6-100）

②以下动作重复第二式鹞子闪身至第五式鹞子钻天，唯方向相反。（图 6-101—图 6-105）

如此再向原来方向打回，往返趟数不限。

图 6-100　　　　　图 6-101

图 6-102 　　　　　　　　图 6-103

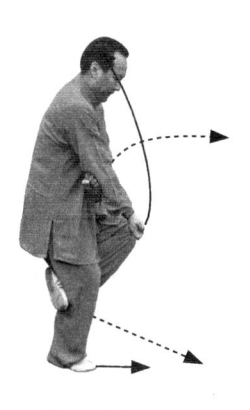

图 6-104 　　　　　　　　图 6-105

收　势

接上势，两臂向两侧打开，随屈肘两拳变掌向上、向里经胸前下落变拳，拳面相对，拳心向下，置于腹前。同时，左脚收回靠拢右脚，身体轻缓起立，然后转正，两肩向下松沉，两拳变掌，垂于体侧，成立正姿势。目视前方。（图 6-106—图 6-109）

111

形意拳与八极拳

图 6-106 　　　　　　　　图 6-107

图 6-108 　　　　　　　　图 6-109

（八）燕形

拳经曰："燕有抄水之精，击水之巧。"它矫捷低掠，扶摇高翔，灵活速敏。在学练燕形时要求动作活而不浮、实而不滞，在一

气贯穿中能纵得远、起得快、落得轻，以达到跳跃轻灵、起伏流畅、劲力实整的目标。

预备势

与三体式动作相同，参见图 5-1。

第一式　燕子飞天

接上势，左脚收回紧贴右脚踝处，膝部微屈。同时，两手经面部交叉画弧，向身体两侧劈出，高与肩平，拳心向前。目视左前方。（图 6-110）

图 6-110

第二式　燕子抄水

①接上势，身体重心在右脚，随即左脚向左后撤一大步。同时，两手由拳变掌，掌心向上。目视右掌。（图 6-111）

②两掌指领先，贴身体从两腰处向后穿出，后摆。同时，身体重心下降，右腿屈膝全蹲，左腿挺直平铺，脚尖内扣，全脚着地，成左仆步。目视左前方。（图 6-112、图 6-113）

形意拳与八极拳

图 6-111　　　　　　　　图 6-112

图 6-113

收　势

接上势，两臂向两侧打开，随屈肘两掌向上、向里经胸前下落变拳，拳面相对，拳心向下，置于腹前。同时，左脚收回靠拢右脚，身体轻缓起立，然后身体转正，两肩向下松沉，两拳变掌，垂于体侧，成立正姿势。目视前方。（图 6-114—图 6-117）

六、十二形拳

图 6-114 　　　　　图 6-115

图 6-116 　　　　　图 6-117

（九）蛇形

蛇有拨草之精，蛇形主要模仿蛇之盘旋曲伸、曲折吞吐和伸缩往来的巧妙。因此，在运动中要力求动作柔韧灵活、开合吞吐、节节贯通。蛇形动作是左右反复，沿波浪形曲线斜向前进的。

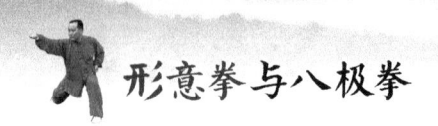

预备势

与三体式动作相同,参见图5-1。

第一式　左斜方丁步插掌（白蛇入洞）

①接上势,以右脚为轴身体右转,重心偏于右腿,左腿伸直,左脚尖点地。同时,左臂随转体内旋向下至左胯侧,掌指向下;右手仍置于腹前。目视左手。（图6-118）

图6-118

②以左脚为轴身体向左转动,重心随转体移至左脚,右脚尖点地。同时,左手经体前向右、向上、向左摆至肩平,掌心向上;右手向后、向上摆至肩高,掌心向上。眼平视前方。（图6-119）

③以左脚为轴身体继续向左转动,左腿屈膝半蹲;右脚收回,提起靠在左脚踝内侧处。同时,右手往左肋下贴着身体向左斜下方插,掌指向下,右肩向内紧裹;左手收回成立掌置于右肩前,掌指向上。含胸拔背,目视右斜下方。（图6-120）

图 6-119　　　　　图 6-120

第二式　右斜方上步挑掌（白蛇出洞）

接上势，身体右转，右脚向右斜前方上一大步，左脚跟进半步。同时，右手顺右脚上步方向用力向前挑出，高与肚齐，拇指向上；左手下落贴于腹前，掌心向内，掌指向下，松肩坠肘。目视前方。（图 6-121）

图 6-121

117

第三式　右斜方丁步插掌（白蛇入洞）

①接上势，以左脚为轴身体左转，重心偏于左腿，右腿伸直，右脚尖点地。同时，右臂随转体内旋向下至右胯侧，掌心向后，掌指向下；左手仍置于腹前。目视右手。（图 6-122）

②以右脚为轴身体向右转动，重心随转体移至右脚，左脚尖点地。同时，右手经体前向左、向上、向右摆至右侧，掌心向下；左手向后、向上摆至左侧，掌心向上。目视前方。（图 6-123）

③以右脚为轴身体继续向右转动，右腿屈膝半蹲；左脚收回、提起靠在右脚踝内侧处。同时，左手往右肋下贴着身体向右斜下方插，掌指斜向下，左肩向内紧裹；右手收回成立掌置于左肩前，掌指向上。含胸拔背，目视左斜下方。（图 6-124）

图 6-122

图 6-123

图 6-124

第四式　左斜方上步挑掌（白蛇出洞）

接上势，身体左转，左脚向左斜前方上一大步，右脚跟进半步。同时，左手顺左脚上步方向用力向前撩出，高与肚齐，拇指向上；右手下落贴于腹前，掌心向内，掌指向下，松肩坠肘。目视前方。（图 6-125）

第一式至第四式可反复交替进行练习。

图 6-125

第五式　蛇形回身

①接上势，身体右转，重心随转体移至左脚，右脚尖点地。同时，右手经体前向左、向上、向右摆至右侧，掌心向下；左手向后、向上摆至左侧，掌心向下。目平视右前方。（图 6-126）

②以右脚为轴身体继续向右转动，右腿屈膝半蹲，左腿收回，提起靠在右脚踝内侧处。同时，左手往右肋下贴着身体向右斜下方插，掌指向下，左肩向内紧裹；右手收回成立掌置于左肩前，掌指向上。含胸拔背，目视左斜下方。（图 6-127）

图 6-126　　　　　　　图 6-127

第六式　左斜方上步挑掌（白蛇出洞）

接上势，身体左转，左脚向左斜前方上一大步，右脚跟进半步。同时，左手顺左脚上步方向用力向前撩出，高与肚齐，拇指向上；右手贴于腹前，掌心向内，掌指向下，松肩坠肘。目视前方。（图 6-128）

图 6-128

第七式　左斜方丁步插掌（白蛇入洞）

①接上势，以右脚为轴身体右转，重心偏于右腿，左腿伸直，左脚尖点地。同时，左臂随转体内旋向下至右胯侧，掌心向后，掌指向下；右手仍置于腹前。目视左手。（图 6-129）

②以左脚为轴身体向左转动，重心随转体移至左脚，右脚尖点地。同时，左手经体前向右、向上、向左摆至肩高，掌心向下；右手向后、向上摆至肩高，掌心向上。目视前方。（图 6-130）

③以左脚为轴身体继续向左转动，左腿屈膝半蹲，右脚收回、提起靠在左脚踝内侧处。同时，右手往左肋下贴着身体向左斜下方插，掌指向下，右肩向内紧裹；左手收回成立掌置于右肩前，掌指向上。含胸拔背，目视左斜下方。（图 6-131）

图 6-129

图 6-130

图 6-131

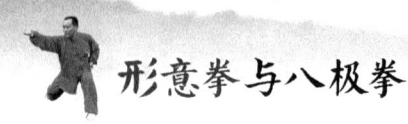

第八式　右斜方上步挑掌（白蛇出洞）

接上势，身体右转，右脚向右斜前方上一大步，左脚跟进半步。同时，右手顺右脚上步方向用力向前挑出，高与肚齐，拇指向上；左手贴于腹前，掌心向内，掌指向下，松肩坠肘。目视前方。（图 6-132）

图 6-132

上势不停，可再接右斜方丁步插掌、左斜方上步挑掌。如此反复再向原来方向打回，往返趟数不限。

收　势

接上势，还原到起势一端，打出右斜方上步挑掌之后，做蛇形回身势，打出右斜方上步挑掌，稍停，两掌向上、向里由胸前下落，垂于体侧。同时，左脚上步靠拢右脚，成立正姿势，然后转正。目视前方。（图 6-133—图 6-136）

六、十二形拳

图 6-133 　　　　　图 6-134

图 6-135 　　　　　图 6-136

（十）鸨形

鸨有"竖尾升空之能，下落捣物之力"，相传是一种类似鸵鸟的禽类动物。鸨形主要锻炼肩、肘关节的灵活与背、臀各

123

部肌肉的弹力。它与虎形步法大致相同，但手法有所区别。虎形是两掌向前扑出，骀形是两臂左右回环之后用两拳向前冲捣，强调力发尾闾，两臂与上身用劲完整，"臀尾打"是形意拳的击法之一。

预备势

与三体式动作相同，参见图 5-1。

第一式　骀形右势

①接上势，左脚向左斜前方垫步，左腿屈膝半蹲；右脚跟进，提起靠在左脚踝内侧处。同时，两掌向外抓握变拳收回腹前，拳心向上，拳面斜向外。（图 6-137）

②身体右转，右脚向右斜前方上一大步，左脚跟进半步。同时，两拳顺右脚上步方向用力向前冲出，高与肚齐，两臂微屈，拳心向上，拳面向前，松肩坠肘。目视前方。（图 6-138）

图 6-137 　　　　　　图 6-138

124

六、十二形拳

第二式　鮐形左势

①接上势，右脚继续向右前上半步，右腿屈膝半蹲；左脚跟进，提起靠在右脚踝内侧处。同时，两拳松开向外抓握变拳收回腹前，拳心向上，拳面斜向外。
(图6-139、图6-140)

②身体左转，左脚向左斜前方上一大步，右脚跟进半步。同时，两拳顺左脚上步方向用力向前冲出，高与肚齐，两臂微屈，拳心向上，拳面向前，松肩坠肘。目视前方。(图6-141)

第一式、第二式可反复交替进行练习。

图6-139

图6-140 　　图6-141

125

第三式　鲐形回身

接上势，鲐形左势打出之后，以右脚掌为轴，身体迅速向右后转，左脚随转体方向向左前方迈步，随即右脚回收，提起靠在左脚踝内侧处。同时，两拳松开向外抓握变拳收回腹前，拳心向上，拳面斜向外。（图 6-142、图 6-143）

图 6-142 　　　　　　　图 6-143

第四式　鲐形右势

接上势，右脚向右斜前方上一大步，左脚跟进半步。同时，两拳顺右脚上步方向用力向前冲出，高与肚齐，两臂微屈，拳心向上，拳面向前，松肩坠肘。目视前方。（图 6-144）

图 6-144

第五式　鼍形左势

①接上势，右脚继续向前上半步，右腿屈膝半蹲；左脚跟进，提起靠在右脚踝内侧处。同时，两拳松开向外抓握变拳收回腹前，拳心向上，拳面斜向外。（图6-145、图6-146）

②身体左转，左脚向左斜前方上一大步，右脚跟进半步。同时，两拳顺左脚上步方向用力向前冲出，高与肚齐，两臂微屈，拳心向上，拳面向前，松肩坠肘。目视前方。（图6-147）

图6-145　　　　　　　　　图6-146

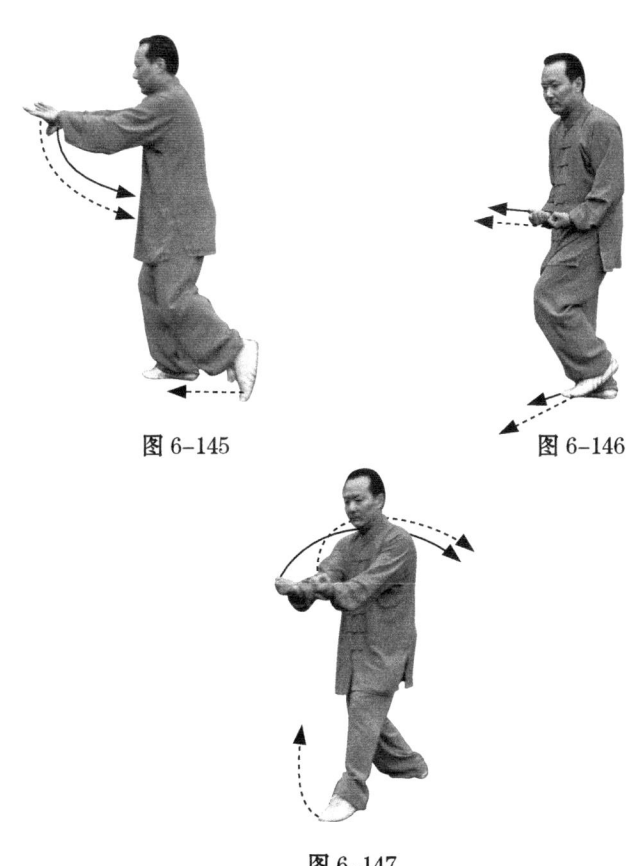

图6-147

第四式、第五式可反复交替进行练习。

收　势

接上势，还原到起势一端，打出鲐形左势之后，做鲐形回身势，再打出鲐形右势，稍停，两拳变掌向上、向里由胸前下落，垂于体侧。同时，左脚上步靠拢右脚，成立正姿势，然后转正。眼平视前方。（图6-148—图6-153）

图6-148

图6-149

图6-150

图6-151

图 6-152　　　　　　　　　图 6-153

（十一、十二）鹰、熊合演

鹰有捉物准确、捕食勇猛之本能，其爪锋利，其目敏锐。在锻炼鹰形时，要体现鹰下落捉物迅猛，两目盯视下落之手，动作的伸缩与呼吸密切配合，以使劲力完整严密。熊有竖项之力，横膀之劲，出洞之威。熊形身法要体现其顶头竖项之巨力和雄踞旷野的威严。还要表现出其与鹰竞志，机警御守的神志。古拳谱中说："鹰熊竞志，取法为拳，阴阳暗合，形意之源。"故在十二形中有鹰熊二形合演为一势的练法。在动作过程中，起是熊形，身法要体现顶头竖项之力；落是鹰形，两臂要有翻落抓拿之劲。

预备势

与三体式动作相同，参见图 5-1。

129

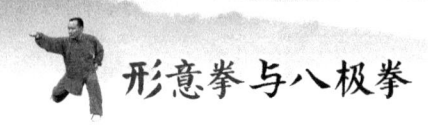

第一式　左斜方上步熊掌上钩

接上势，左脚向左斜前方上半步，右脚向上提起，身体稍向后仰。同时，两掌变拳，右拳从左前臂内侧顺面部向右上方钻出，拳心向内；左拳收回腰间半握，拳心向上。目视右拳。（图 6-154）

图 6-154

第二式　右斜方上步跪步鹰爪下抓

接上势，右脚尖外展向右斜前方落步，全脚掌着地，右腿屈膝下蹲；左腿屈膝下跪，膝盖不着地，左脚尖着地，脚跟抬起，两腿不交叉，两脚在同一直线上。同时，左拳心向内顺右前臂内侧向上钻出，两拳在额前向内翻转变成鹰爪，左爪向左斜前方用力下抓，左臂伸直，掌心向下；右爪由体前拉至身后，右臂伸直，用力后抓，掌心向后，拇指向下。身体稍前倾。目视左爪。（图 6-155、图 6-156）

图 6-155　　　　　　图 6-156

第三式　右斜方上步熊掌上钩

接上势，身体直立，右脚向右斜前方上半步，左脚向上提起，身体稍向后仰。同时，两爪变拳，左拳从右前臂内侧顺面部向左上方钻出，拳心向内；右爪收回腰间半握拳，拳心向上。目视左拳。（图 6-157）

图 6-157

131

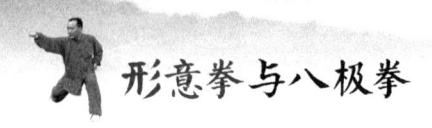

第四式　左斜方上步跪步鹰爪下抓

接上势，左脚尖外展向左斜前方落步，全脚掌着地，左腿屈膝下蹲；右腿屈膝下跪，膝盖不着地，右脚尖着地，脚跟抬起，两腿不交叉，两脚在同一直线上。同时，右拳心向内顺左前臂内侧向上钻出，两拳在额前向内翻转变成鹰爪，右爪向右斜前方用力下抓，右臂伸直，掌心向下；左爪由体前拉至身后，左臂伸直，用力后抓，掌心向后，拇指向下。身体稍前倾。目视右爪。（图 6-158）

图 6-158

第五式　转身右斜方熊掌上钩

①接上势，左脚内扣，身体右后转起立（面向来时的方向），右脚向上提起。同时，两爪变拳，右拳从左前臂内侧顺面部向右上方钻出，拳心向内；左拳经胸前收回腰间半握，拳心向上。身体稍向后仰。目视右拳。（图 6-159）

②重复第四式至第五式动作，唯方向相反。（图 6-160—图 6-162）

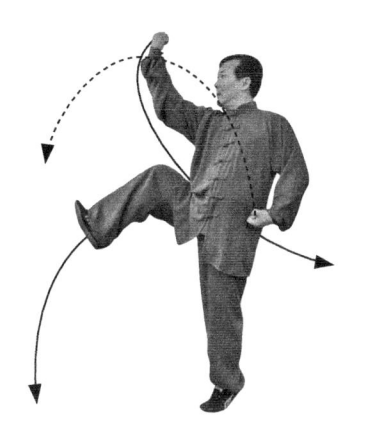

六、十二形拳

图 6-159 　　　　　　图 6-160

图 6-161 　　　　　　图 6-162

收 势

①接上势，左脚以脚跟为轴，脚尖内扣随身体右转至正前方，两膝稍内扣，右脚向上提起，脚尖上勾，然后右脚跟用力向前、向下踩，横脚落地，左脚脚跟离地，左膝与右膝窝抵紧，成右脚横、左脚顺的交叉半蹲势。同时，右爪变拳由胸前经下颌向上、向前钻出，高与鼻尖齐平；左拳变爪，顺着右臂内侧向前、向下抓，手高不过口；随即右手由体前拉至身后，右臂伸直，用力后抓，掌心向后，拇指向下。身体稍前倾，目视左爪。（图6-163—图6-165）

图 6-163

图 6-164

图 6-165

六、十二形拳

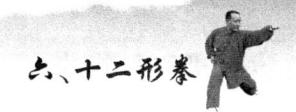

②两臂向两侧伸开，两爪变掌向上、向里经胸前下落变拳，拳面相对，拳心向下，置于腹前。同时，左脚收回靠拢右脚，身体轻缓起立，然后转正，两肩向下松沉，两拳变掌，垂于体侧，成立正姿势。目视前方。（图 6-166—图 6-169）

图 6-166 　　　　　　　图 6-167

图 6-168 　　　　　　　图 6-169

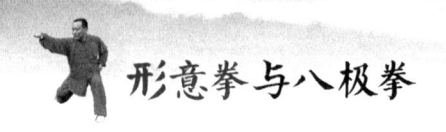

七、形意拳拳谱名称

（一）五行连环拳拳谱

预备势
第 一 式　进步右崩拳
第 二 式　退步横拳
第 三 式　顺步右崩拳
第 四 式　退步抱拳（白鹤亮翅）
第 五 式　进步炮拳
第 六 式　退步左劈掌
第 七 式　拗步右钻拳
第 八 式　跳步双劈掌（狸猫上树）
第 九 式　进步右崩拳
第 十 式　回身势（狸猫倒上树）
第十一式　进步右崩拳
收势

（二）形意八式拳拳谱

预备势
第一式　进步右崩拳
第二式　退步横拳

第 三 式　顺步右崩拳
第 四 式　钻拳提膝
第 五 式　震脚独立劈拳
第 六 式　上步并步击掌
第 七 式　退步怀中抱月
第 八 式　进步炮拳
第 九 式　进步右崩拳
第 十 式　龙虎相交
第十一式　顺步右崩拳
第十二式　白鹤亮翅
第十三式　翻身炮
第十四式　鹞子入林
第十五式　鹞子闪身
第十六式　鹞子翻身
第十七式　鹞子缩身
第十八式　鹞子钻天
收势

（三）综合形意拳拳谱

预备势
第一式　鸡形
第二式　虎形
第三式　马形
第四式　鲐形
第五式　熊鹰合演
第六式　狸猫倒上树

第 七 式　龙形
第 八 式　蛇形
第 九 式　鼍形
第 十 式　狸猫倒上树
第 十 一 式　进步右崩拳
第 十 二 式　退步横拳
第 十 三 式　顺步右崩拳
第 十 四 式　钻拳提膝
第 十 五 式　震脚独立劈拳
第 十 六 式　上步并步击掌
第 十 七 式　退步怀中抱月
第 十 八 式　进步炮拳
第 十 九 式　进步右崩拳
第 二 十 式　龙虎相交
第二十一式　顺步右崩拳
第二十二式　白鹤亮翅
第二十三式　翻身炮
第二十四式　鹞子入林
第二十五式　鹞子闪身
第二十六式　鹞子翻身
第二十七式　鹞子缩身
第二十八式　鹞子钻天
第二十九式　进步右崩拳
第 三 十 式　顺步左崩拳
第三十一式　退步猫洗脸
第三十二式　猴子叼索
第三十三式　上右步右崩拳

第三十四式　上右步左崩拳

第三十五式　上右步右崩拳

第三十六式　风摆荷叶

第三十七式　进步左劈拳

第三十八式　鹞子缩身

第三十九式　金鸡抖翎

收势

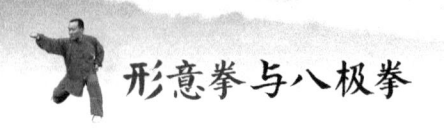

八、形意拳套路图解

（一）五行连环拳套路图解

预备势

动作和要求与三体式相同。（图 8-1-1）

图 8-1-1

第一式　进步右崩拳

接上势，两掌变拳握紧，右脚上步落在左脚旁边，两脚并立，膝盖微屈。同时，右拳顺着左臂方向直向前打出，拳眼向上，拳面微向前倾；左拳收至腹前，拳心向上。目视右拳。（图 8-1-2）

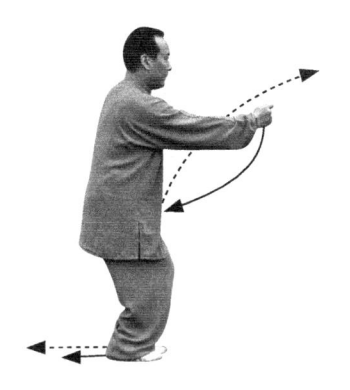

图 8-1-2

第二式　退步横拳

接上势，右脚向后撤半步，然后左脚在顺着右脚方向撤至右脚后方，两腿交叉，左脚顺，右脚横。同时，左拳随左脚后撤向前打出，拳心向上；右拳撤至腹前，拳心向上。目视左拳。（图8-1-3）

图 8-1-3

141

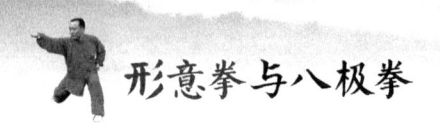

第三式　顺步右崩拳

接上势，右脚向前一步，左脚随之跟进半步。同时，右拳顺着右脚方向直向前打出，拳眼向上，高与胸平；左拳撤至腹前，拳心向上，成右拳、右脚在前的顺步崩拳势。目视右拳。（图8-1-4）

图 8-1-4

第四式　退步抱拳（白鹤亮翅）

接上势，身体左转，两膝内扣。同时，两拳内收拳面相对，随即两臂向上摆起经头前上方分开，再由两侧下落画一立圆收到腹前，右拳落在左掌心内。右脚收至左脚内侧并步，两腿微屈下蹲。目视前下方。（图8-1-5—图8-1-7）

图 8-1-5　　　　　　　　图 8-1-6

图 8-1-7

第五式　进步炮拳

接上势，右脚向前迈进一步（略向右斜），左脚向前跟进半步，身体微右转。同时，左掌变拳向前打出，拳眼向上，高与肩平；右拳经胸前向上翻转上架，停于右额角旁，成右脚、左拳在前的拗步势。目视左拳。（图 8-1-8）

143

图 8-1-8

第六式　退步左劈掌

①接上势，身体重心移于左腿，右脚向后撤步，左脚收回落在右脚旁，脚尖着地。同时，右拳向体前掩肘下落，变爪置于腹部上方；左手随之回抓变掌，停于大腿左侧，掌心向下。目视左下方。（图 8-1-9）

②左脚向前上一大步，右脚跟进半步。同时，左手经右前臂上方向前伸掌并翻转下按；右手在左掌翻转时也下按，停于腹前。目视左掌。（图 8-1-10）

图 8-1-9 　　　　　图 8-1-10

第七式　拗步右钻拳

接上势，左脚前进一步，右脚随之跟进半步。同时，右掌变拳顺左前臂上方钻出，高与鼻尖平；左掌变拳向里翻转，撤回腹部，拳眼向上。目视右拳。（图 8-1-11）

图 8-1-11

第八式　跳步双劈掌（狸猫上树）

①接上势，两脚不动，两拳变掌向后回抓停于腰部两侧；随后左脚直向前垫半步，用力蹬地跃起，身体腾空；右腿向上提起，脚尖上勾。同时，两臂随起跳上摆。（图 8-1-12、图 8-1-13）

②落地后前脚（右脚）外展，后脚（左脚）跟离地，成前脚（右脚）横、后脚（左脚）顺的交叉半蹲势。同时，左掌顺右臂内侧向前、向下劈，高不过口；右掌撤至腹前。目视左掌食指尖。（图 8-1-14）

图 8-1-12　　　　　　　　　图 8-1-13

图 8-1-14

第九式　进步右崩拳

接上势，身微起，两掌变拳，左脚先向前进步，右脚随之跟进半步，重心偏于右腿。同时，右拳顺左臂直向前打出，拳眼向上；左拳撤至腹前，拳眼向上。目视右拳。（图 8-1-15）

图 8-1-15

第十式　回身势（狸猫倒上树）

①接上势，身体右转，左脚以脚跟为轴，脚尖随转体转至正前方，两膝稍内扣。同时，右拳内旋下落于腹前，拳面相对，拳心向下。目视前方。（图 8-1-16）

图 8-1-16

147

②身体继续右转，右腿向上提起，脚尖上勾，然后右脚跟用力向前、向下踩，横脚落地；左脚脚跟离地，左膝与右膝窝抵紧，成右脚横、左脚顺的交叉半蹲势。同时，右拳随右脚提起从胸前经下颌向上、向前钻出，高与鼻尖齐平；随即左拳变掌，顺右臂内侧向前、向下劈，手高不过口；右拳变掌撤至腹前。目视左掌食指尖。（图 8-1-17、图 8-1-18）

图 8-1-17

图 8-1-18

第十一式　进步右崩拳

接上势，左脚向前上一大步，随即两掌变拳握紧，右脚上步落在左脚旁边，两脚并立，膝盖微屈。同时，右拳顺左臂方向直向前打出，拳眼向上，拳面微向前倾；左拳收至腹前，拳眼向上。目视右拳。（图 8-1-19）

图 8-1-19

八、形意拳套路图解

收 势

动作与五行拳的崩拳收势完全相同。（图 8-1-20—图 8-1-23）

图 8-1-20

图 8-1-21

图 8-1-22

图 8-1-23

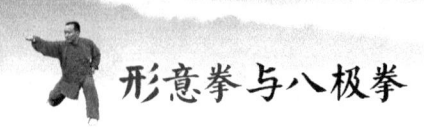

(二) 形意八式拳套路图解

预备势

动作和要求与三体式相同。（图 8-2-1）

图 8-2-1

第一式　进步右崩拳

接上势，两掌变拳握紧，右脚上步落在左脚旁边，两脚并立，膝盖微屈。同时，右拳顺左臂方向直向前打出，拳眼向上，拳面微向前倾；左拳收至腹前，拳心向上。目视右拳。（图 8-2-2）

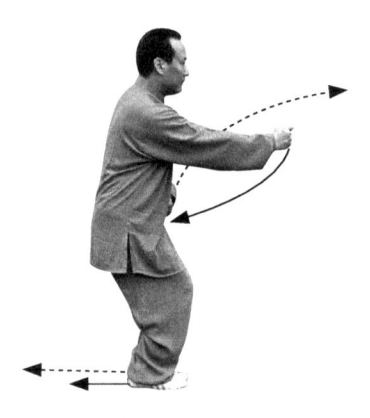

图 8-2-2

八、形意拳套路图解

第二式　退步横拳

接上势，右脚向后撤半步，然后左脚在顺着右脚方向撤至右脚后方，两腿交叉，左脚顺，右脚横，身体右转。同时，左拳随左脚后撤向前打出，拳心向上；右拳撤至腹前，拳心向上。目视左拳。（图 8-2-3）

图 8-2-3

第三式　顺步右崩拳

接上势，右脚向前一步，左脚随之跟进半步，身体左转。同时，右拳顺着右脚方向直向前打出，拳眼向上，高与胸平；左拳撤至腹前，拳心向上，成右拳、右脚在前的顺步崩拳势。目视右拳。（图 8-2-4）

图 8-2-4

151

第四式　钻拳提膝

接上势，右拳向内扣至拳面向下，拳眼向内，右膝稍内扣；随之右拳向外格挡，拳心向内，右腿向上提起，脚尖上勾。同时，左拳紧贴腹前。目视右拳。（图8-2-5）

图8-2-5

第五式　震脚独立劈拳

接上势，右脚向左脚后方落地用力向下震脚，左脚收回紧贴右脚内侧，两膝微屈，身体右转。同时，右拳变掌，收回紧贴腹前，掌心向下；左拳变掌用力向下劈击。目视左拳。（图8-2-6）

图8-2-6

第六式　上步并步击掌

接上势，身体左转，左脚向前上步，右脚随之向前跟步，两脚成并步。同时，两手在额前斜上方击掌，左手在上。目视前方。（图8-2-7）

图8-2-7

第七式　退步怀中抱月

接上势，左脚向后撤步，两手外旋翻转成掌心向上，随之右脚向后撤步，成两脚并步，向后垫步。同时，两手下落收在腹前。目视前方。（图8-2-8）

图8-2-8

第八式　进步炮拳

接上势，右脚向前迈进一步（略向右斜），左脚跟进半步。同时，左掌变拳向前打出，拳眼向上，高与胸平；右掌变拳经胸前向上翻转上架，停于右额角旁，成右脚、左拳在前的拗步势。目视左拳。（图 8-2-9）

图 8-2-9

第九式　进步右崩拳

接上势，右手向后回拉，随之左脚向前上步，右手随左脚上步向前直线打出，左手收回腹前。目视右拳。（图 8-2-10）

图 8-2-10

第十式　龙虎相交

接上势，右腿屈膝抬起，脚跟用力向前蹬出，脚尖勾起，高与腰平；左膝微屈支撑。同时，左拳向前直线打出，高与胸齐，拳眼向上，左臂微屈；右拳收回至右腰侧。头向上顶，目视前方。（图8-2-11）

图 8-2-11

第十一式　顺步右崩拳

接上势，右脚向前落步，左脚随之跟进半步。同时，右拳顺着右脚方向直向前打出，拳眼向上，高与胸平；左拳撤至腹前，拳心向上，成右拳、右脚在前的顺步崩拳势。目视右拳。（图8-2-12）

图 8-2-12

第十二式　白鹤亮翅

接上势，右脚尖内扣，身体左转，两膝内扣，右脚向左脚并拢，两腿屈膝半蹲。同时，右拳下落内收，两拳相对，随即两臂向上摆起经头部前上方向两侧分开下落画一立圆收到腹前，左拳变掌、右拳落在左掌心内。目视前下方。（图 8-2-13—图 8-2-15）

图 8-2-13

图 8-2-14 　　　　　图 8-2-15

第十三式　翻身炮

接上势，双脚蹬地向上跳起，在空中身体右转180°，两脚前后分开落地，左脚在前，右脚在后，成三体势步型。同时，右拳上钻，随转体置于右额角处，拳眼向内，右肘下垂；左掌变拳向前直线打出，高与胸齐，左臂微屈。头向上顶，目视左拳。（图8-2-16）

图 8-2-16

第十四式　鹞子入林

接上势，右脚向前上一大步，身体左转，右腿屈膝前弓，成右弓步。同时，右拳自腰侧向前、向上钻出，高与鼻齐；左拳收回置于右腋下。目视右拳。（图8-2-17）

图 8-2-17

第十五式　鹞子闪身

接上势，两脚原地拧转，身体左转，重心左移，左腿屈膝前弓，成左弓步，身体稍向左倾斜，膝盖正对左前方。同时，右拳内旋向外摆至斜下方伸出，左拳经腹前由内向外摆至左耳旁。目视右拳。（图 8-2-18）

图 8-2-18

第十六式　鹞子翻身

①接上势，两脚原地拧转，身体右转，重心右移，右腿屈膝前弓，成右弓步，身体稍向右倾斜，膝盖正对右前方。同时，两拳随转体向里、向上在面前交叉，右拳在外，左拳在内，拳心向内。目视右方。（图 8-2-19）

②两脚不动，上身左转，右拳经左臂外侧向上横肘架起至头上，左臂向下沉肘，左拳回收至胸前，身体重心全部移至右脚；随即右拳向后拉至右肩前，左拳内旋抬肘，以拳眼向内顺左肋、左胯向下插。同时，右腿屈膝下蹲，左腿平铺伸直，成左仆步。左拳顺左腿内侧前伸，随前伸外旋至拳眼朝上；右拳向后拉回至腰侧。目视左拳。（图 8-2-20）

图 8-2-19　　　　　　　　　图 8-2-20

第十七式　鹞子缩身

接上势，左拳前伸，重心移至左脚，左腿屈膝；右脚向前上步至左脚前方，用力向下震脚；左脚提起，脚面紧扣右膝窝处，右膝微屈。同时，右拳自右腰侧上提至心窝，向前、向下打出，高与裆齐；左拳拉回至腹前，两拳交叉，左拳在内，拳心向里，右拳在外，拳眼向前。头向上顶，目视前方。（图 8-2-21）

图 8-2-21

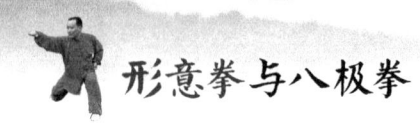

第十八式　鹞子钻天

接上势，左脚向前迈进一步（略向左斜），右脚向前跟进半步。同时，左拳向前打出，拳眼向上，高与胸平；右拳经胸前向上翻转上架，停于右额角旁，成左脚、左拳在前的顺步势。目视左拳。（图 8-2-22）

图 8-2-22

收　势

接上势，右脚向前上步，身体左转。同时，两手向两侧打开，再做收势，参见图 8-1-21—图 8-1-23。

（三）综合形意拳套路图解

预备势

动作和要求与三体式相同。（图 8-3-1）

八、形意拳套路图解

图 8-3-1

第一式　鸡形

①接上势，前进步穿掌（金鸡独立）：左脚向前一步，左腿屈蹲；右脚跟进到左脚内侧提起，脚尖上翘，紧靠在左脚踝关节处，成左独立步。同时，右掌由左掌下方向前穿出，高与胸齐；左掌收至腹部（肚脐处）。目视右掌。（图 8-3-2）

②后退步穿掌（金鸡独立）：右脚后撤一大步，右腿屈蹲；左脚退回到右脚内侧，脚尖上翘，紧靠在右脚踝关节处，成右独立步。同时，右掌后收至腹部（肚脐处）；左掌由右掌下方向前穿出，高与胸齐。目视左掌。（图 8-3-3）

图 8-3-2　　　　　　　图 8-3-3

161

③斜左进步穿掌（金鸡独立）：左脚向左前方尽力斜跨一大步，左腿屈蹲；右脚跟进到左脚内侧，脚尖上翘，紧靠在左脚踝处，成左独立步。同时，右掌由左掌下方向前穿出，高与胸齐；左掌收至腹前。目视右掌。（图8-3-4）

④斜右进步穿掌（金鸡独立）：右脚向右前方尽力斜跨一大步，右腿屈蹲；左脚跟进到右脚内侧，脚尖上翘，紧靠在右脚踝处，成右独立步。同时，左掌由右掌下方向前穿出，高与胸齐；右掌收至腹部。目视左掌。（图8-3-5）

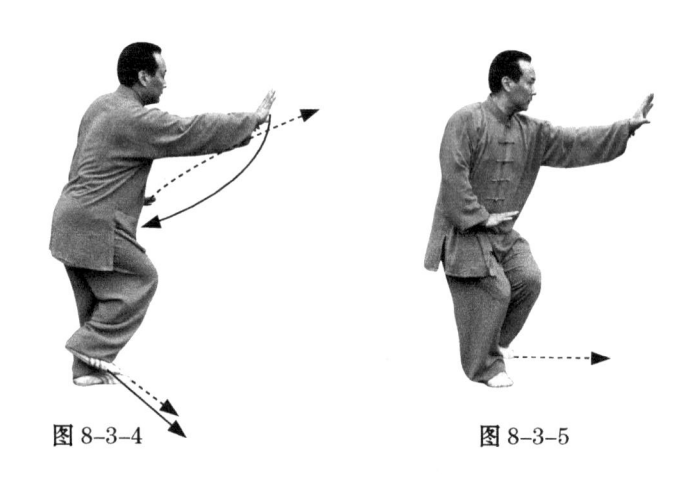

图8-3-4　　　　　　　图8-3-5

⑤纵步前穿掌（金鸡食米）：两手不动，左右脚连续上4步，两腿并步屈蹲。同时，右掌变拳从腰间打出，发力瞬间向下抖腕；左掌收回至右前臂处立腕，紧靠右前臂。目视右拳。（图8-3-6—图8-3-9）

八、形意拳套路图解

图 8-3-6

图 8-3-7

图 8-3-8

图 8-3-9

⑥右后转身（金鸡抖领）：身体右转约 90°，右脚向后退一步，左脚随之稍向后撤，成半马步。同时，左掌尽力向左下方撑开，停于左大腿旁；右臂屈肘上架，高与肩平，目视左掌。略停，上身急向右转约 90°，左腿后蹬；左掌继续向后撑，停于后方，掌心向后；右拳撑到头部右额角前，拳心向外。目视前方。（图 8-3-10、图 8-3-11）

163

形意拳与八极拳

⑦独立下插掌（金鸡上架）：左脚向前进一步，屈膝半蹲；右脚跟到左腿内侧紧靠左脚踝处。同时，右拳变掌翻转成掌心向上，向下经体侧由后向上、向前画立圆，向前下方插下；左掌由后向上、向前画立圆从体侧向下插出，停在右肩侧，指尖向上。目视右前方。（图 8-3-12、图 8-3-13）

图 8-3-10

图 8-3-11

图 8-3-12

图 8-3-13

164

⑧进步右挑掌（金鸡报晓）：右脚向前一步，膝部微屈；左脚随之跟进半步，重心偏于左腿。同时，两臂右上左下分开，右掌挑起，高与肩平，指尖斜向下，右臂微屈；左手下落于腹前，掌心向下。目视右手。（图 8-3-14）

⑨进步左劈掌：左脚向前进步，右脚跟进半步，重心偏于右腿。同时，左手顺右臂内侧向上、向前劈下，高与胸齐；右掌收至腹前。目视左掌食指。（图 8-3-15）

图 8-3-14 　　　　　　　　图 8-3-15

第二式　虎形

①右步虎扑：接上势，左脚向斜前方垫步，左腿屈膝半蹲；右脚跟进、提起靠在左脚踝内侧处。同时，两手向外抓握变拳收回腹前，拳心向上，拳面斜向前。（图 8-3-16）

身体右转，随之右脚向右斜前方上一大步，左脚跟进半步。同时，两拳上钻经胸前至嘴前翻转变掌，掌心向前，随左脚跟进落地向前伸臂扑出，高与胸齐，两臂微屈，两拇指相对，松肩坠肘。目视前方。（图 8-3-17）

形意拳与八极拳

图 8-3-16 　　　　　　　图 8-3-17

②左步虎扑：右脚继续向前垫步，右腿屈膝半蹲；左脚跟进、提起靠在右脚踝内侧处。同时，两手向外抓握变拳收回腹前，拳心向上，拳面斜向前。（图 8-3-18）

身体左转，随之左脚向左斜前方上一大步，右脚跟进半步。同时，两拳上钻经胸前至嘴前翻转变掌，掌心向前，随右脚跟进落地向前伸臂扑出，高与胸齐，两臂微屈，两拇指相对，松肩坠肘。目视前方。（图 8-3-19）

图 8-3-18 　　　　　　　图 8-3-19

第三式　马形

①右步马形：接上势，左步虎扑打出之后，以左脚为轴，身体迅速右后转，右脚随之向转体方向移步，身体重心在两腿之间，随即右脚回收、提起靠在左脚踝内侧处。同时，右手在上、左手在下从左向右内收变拳，左拳贴近胸腹前，两拳相距大约 20 厘米，拳心均向下。目视前下方。（图 8-3-20、图 8-3-21）

身体右转，右脚向右斜前方上一大步，左脚跟进半步。同时，两拳顺着右脚上步方向向前、向外发力，力达前臂外侧。目视前方。（图 8-3-22）

图 8-3-20　　　　　　　　　图 8-3-21

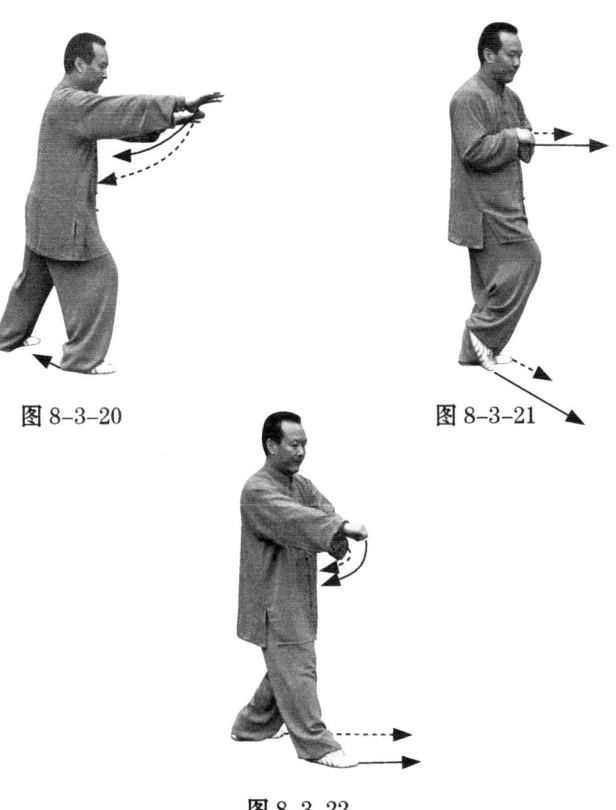

图 8-3-22

②左步马形：右脚向前方上半步，右腿屈膝半蹲；左脚跟进、提起靠在右脚踝内侧处。同时，左拳在上、右手在下从右向左内收，右拳贴近腹前，两拳相距大约 20 厘米，拳心均向下。目视前下方。（图 8-3-23）

身体左转，随之左脚向左斜前方上一大步，右脚跟进半步。同时，两拳顺着左脚上步方向向前、向外发力，力达前臂外侧。目视前方。（图 8-3-24）

图 8-3-23 　　　　　　图 8-3-24

第四式　鲐形

①鲐形右势：接上势，左脚向左斜前方垫步，左腿屈膝半蹲；右脚跟进、提起靠在左脚踝内侧处。同时，两拳变掌向外抓握再变拳收回腹前，拳心向上，拳面斜向外。（图 8-3-25、图 8-3-26）

身体右转，右脚向右斜前方上一大步，左脚跟进半步。同时，两拳顺右脚上步方向用力向前冲出，高与肚齐，两臂微屈，拳心向上，拳面向外，松肩坠肘。目视前方。（图 8-3-27）

八、形意拳套路图解

图 8-3-25　　　　　　图 8-3-26

图 8-3-27

②鲐形左势：右脚继续向右前上半步，右腿屈膝半蹲；左脚跟进、提起靠在右脚踝内侧处。同时，两拳松开向外抓握变拳收回腹前，拳心向上，拳面斜向外。（图 8-3-28、图 8-3-29）

身体左转，随之左脚向左斜前方上一大步，右脚跟进半步。同时，两拳顺左脚上步方向用力向前冲出，高与肚齐，两臂微屈，拳心向上，拳面向外，松肩坠肘。目视前方。（图 8-3-30）

169

形意拳与八极拳

图 8-3-28

图 8-3-29

图 8-3-30

第五式　熊鹰合演

①左斜方上步熊掌上勾：接上势，左脚向左斜前方上半步，右脚向上提起，身体稍后仰。同时，右拳从左前臂内侧顺面部向右上方钻出，拳心向内；左拳收回腰间半握，拳心向下。目视右拳。（图 8-3-31）

170

②右斜方跪步鹰爪下抓：右脚脚尖外展向右斜前方落步，全脚掌着地，右腿屈膝下蹲，左腿屈膝下跪，膝盖不着地，左脚跟抬起，两腿不交叉，两脚在同一直线上。同时，左拳心向内顺右前臂内侧向上钻出，两拳在额前向内翻转变成鹰爪，左爪向左斜前方用力下抓，左臂伸直，掌心向下；右爪由体前拉至身后，右臂伸直，用力后抓，掌心向后，掌指向下。身体稍前倾。目视左爪。（图8-3-32）

图 8-3-31 　　　　　　图 8-3-32

③右斜方上步熊掌上勾：身体直立，右脚向右斜前方上半步，左脚向上提起，身体稍后仰。同时，两爪变拳，左拳从右前臂内侧顺面部向左上方钻出，拳心向内；右爪收回腰间半握拳，拳心向下。目视左拳。（图8-3-33）

④左斜方跪步鹰爪下抓：左脚尖外展向左斜前方落地，全脚掌着地，左腿屈膝下蹲，右腿屈膝下跪，膝盖不着地，右脚跟抬起，两腿不交叉，两脚在同一直线上。同时，右拳心向内顺左前

臂内侧向上钻出，两拳在额前向内翻转变成鹰爪，右爪向右斜前方用力下抓，右臂伸直，掌心向下；左爪由体前拉至身后，左臂伸直，用力后抓，掌心向后，掌指向下。身体稍前倾。目视右爪。（图 8-3-34）

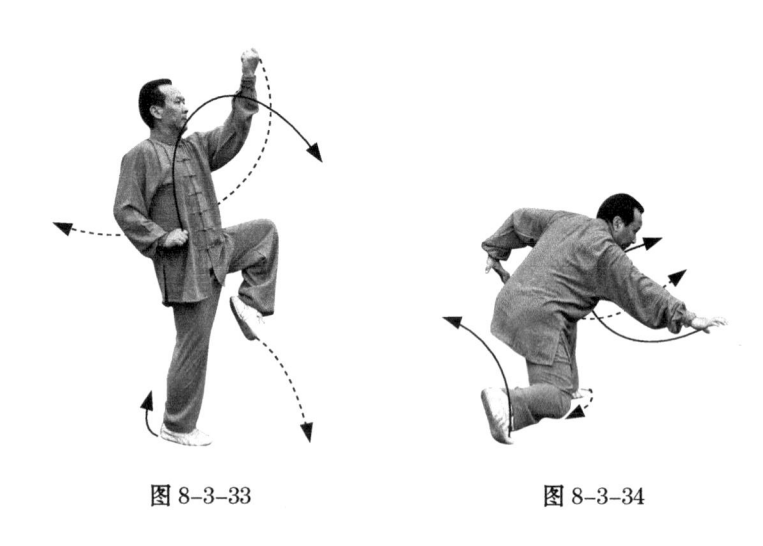

图 8-3-33　　　　　　　　图 8-3-34

第六式　狸猫倒上树

①接上势，身体以左脚为轴支撑向右后转身，脚尖随转体至正对前方，右腿向上提起，脚尖上勾。同时，右爪变拳由胸前经下颌向上、向前钻出，高与鼻尖齐平；左拳贴于右肘内侧。目视前方。（图 8-3-35）

②右脚跟用力向前下踩，横脚落地；左脚跟离地，左膝与右膝窝抵紧，成右脚横、左脚顺的交叉半蹲姿势。同时，左拳变掌顺着右臂内侧向前、向下劈，手高不过口；右拳变掌撤至体侧。目视左掌。（图 8-3-36）

图 8-3-35　　　　　　　　　图 8-3-36

第七式　龙形

①左俯卧势：接上势，身体稍左转，重心偏于右脚，左脚脚尖点地。同时，左掌变拳贴身向上钻出至右脸旁，略高于头，拳心向内，拳面向上；右掌变拳，回收置于右腰旁，拳心向下。目视左拳。（图8-3-37）

身体左转，带动左手向后回拉变掌，收于左腰侧，掌心向下；右拳变掌顺左前臂向前、向上穿出，掌心向上。同时，左腿提膝，脚尖外展（整个动作犹如蛟龙向上盘旋飞升）。目视前方。（图8-3-38）

左脚向前上步横落，全脚掌着地，身体下蹲，两腿屈膝交叉，右膝紧靠左膝窝，臀部落在右脚跟上。同时，右掌由上向下劈落至胯齐，掌心向下；左掌回拉至左胯侧。身体稍右转，微向前倾。目视右掌。（图8-3-39）

②右俯卧势：接上势，身体稍右转，重心偏于左脚，右腿提

形意拳与八极拳

膝。同时，两掌贴身两侧向上穿出，高于头顶，掌心向上。目视前方。（图 8-3-40）

图 8-3-37

图 8-3-38

图 8-3-39

图 8-3-40

八、形意拳套路图解

右脚向前横落，全脚掌着地，脚尖外展，两腿屈膝下蹲，左膝紧靠右膝窝，臀部落在左脚跟上。同时，左掌由上向前、向下劈落至胯齐，掌心向下；右拳变掌后拉至右胯侧。身体稍右转，微向前倾。目视左掌。（图8-3-41）

③左起落势：接上势，两脚用力蹬地向上跳起，在空中两脚换成左前右后的交叉步，身体向右转动。同时，右掌贴身向上穿出高于头顶，掌心向上；左掌贴身向上穿出至右脸旁，掌心向前。目视右掌。（图8-3-42）

图8-3-41 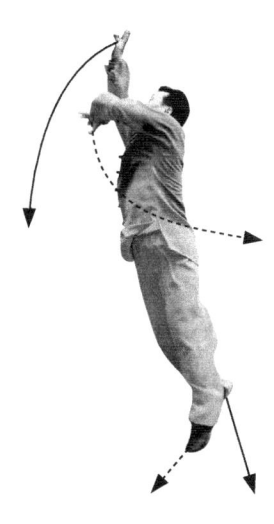　　　　　　　图8-3-42

两脚落地，左脚向前外展横落，全脚掌着地，两腿屈膝下蹲，右膝紧靠左膝窝，臀部落在右脚跟上。同时，右掌由上向前、向下劈落至胯齐，掌心向下；左掌拉回至左胯后侧，掌心向后。身体稍左转，微向前倾。目视右掌。（图8-3-43）

④右起落势：两脚用力蹬地向上跳起，在空中两脚换成右前左后的交叉步，身体向右转动。同时，左掌贴身向上穿出高于头顶，

175

形意拳与八极拳

掌心向上；右掌贴身向上穿出至左脸旁，掌心向前。目视左掌。（图 8-3-44）

两脚落地，右脚向前外展横落，全脚掌着地，两腿屈膝下蹲，左膝紧靠右膝窝，臀部落在左脚跟上。同时，左掌由上向前、向下劈落至胯齐，掌心向下；右掌拉回至右胯后侧，掌心向后，高与胯齐。身体稍右转，微向前倾。目视左掌。（图 8-3-45）

图 8-3-43

图 8-3-44

图 8-3-45

第八式　蛇形

①左斜方丁步插掌（白蛇入洞）：接上势，以右脚为轴身体左转，重心偏于右腿，左腿伸直，左脚尖点地。同时，两臂随转体向内斜向下方引带至右胯侧，掌指向下；随即左手经体前向左、向上引带，高于头顶，掌心向上；右臂垂于体侧，掌指向下。目视左掌。（图 8-3-46）

以左脚为轴身体继续左转，左腿屈膝半蹲，右脚收回、提起靠于左脚踝内侧处。同时，右手贴身向左膝下方插，掌指向下，右肩向内紧裹；左手收回成立掌置于右肩前，掌指向上。含胸拔背，目视右斜下方。（图 8-3-47）

图 8-3-46 　　　　　　　图 8-3-47

②右斜方上步挑掌（白蛇出洞）：身体右转，右脚向右斜前方上一大步，左脚跟进半步。同时，右手顺右脚上步方向用力向前挑出，高与肚齐，拇指向上；左手下落贴于腹前，掌心向内，掌指向

下，松肩坠肘。目视前方。（图 8-3-48）

③右斜方丁步插掌（白蛇入洞）：以左脚为轴身体左转，重心偏于左腿，右腿伸直，右脚尖点地。同时，右臂随转体内旋向下至右胯侧，掌心向后，掌指向下；左手仍置于腹前。目视右手。（图 8-3-49）

图 8-3-48 　　　　　图 8-3-49

以右脚为轴，身体右转，重心随转体移于右脚，左脚尖点地。同时，右手经体前向左、向上、向右摆至略高于肩，掌心向下；左手向后、向上摆至略低于肩，掌心向上。目视右前方。（图 8-3-50）

以右脚为轴身体继续右转，右腿屈膝半蹲，左脚收回、提起靠在右脚踝内侧处。同时，左手往右肋下贴着身向右斜下方插，掌指向下，左肩向内紧裹；右手收回成立掌置于左肩前，掌指向上。含胸拔背，目视左斜下方。（图 8-3-51）

④左斜方上步挑掌（白蛇出洞）：身体左转，左脚向左斜前方上一大步，右脚跟进半步。同时，左手顺左脚上步方向用力向前撩出，高与肚齐，拇指向上；右手下落贴于腹前，掌心向内，掌指向下，松肩坠肘。目视前方。（图 8-3-52）

八、形意拳套路图解

图 8-3-50

图 8-3-51

图 8-3-52

第九式　鼍形

①左斜方上步独立挦手：接上势，左脚向左斜前方上步，右脚提起跟至左脚内侧不落地（或脚尖点地），身体左转。同时，左手外旋至手心向上，从右至左经面门横拨挦出，挦至左肩上方内旋成掌心向外，高与肩齐，左臂撑圆；右手外旋收回腹前，掌心向上。

179

目视左掌。（图 8-3-53）

②右斜方上步独立捋手：右脚向右斜前方上步，左脚提起跟至右脚内侧不落地（或脚尖点地），身体右转。同时，右手从左至右经面门横拨捋出，捋至右肩上方内旋成掌心向外，高与肩齐，右臂撑圆；左手外旋收回腹前，掌心向上。目视右掌。（图 8-3-54）

图 8-3-53　　　　　　　　　图 8-3-54

③左斜方上步独立捋手：动作、方向与①左斜方上步独立捋手相同，参见图 8-3-53。

④右斜方上步独立捋手：动作、方向与②右斜方上步独立捋手相同，参见图 8-3-54。

⑤向左摆扣步转身双穿掌：左脚向左斜前方上一大步，两手翻转成掌心向上，两臂伸直，随之右脚向左摆扣落在左脚旁，以左脚为轴身体左后转 360°。同时，两掌掌指领先，贴身体从两腰处向后穿出，掌心向外，掌指向下。随即两腿屈膝半蹲，两脚并步。目视前方。（图 8-3-55—图 8-3-57）

八、形意拳套路图解

⑥左上步双托掌：左脚向左斜前方上一大步，右脚跟进半步。同时，两掌外旋成掌心向前用力向前托出，掌指斜向下。目视前方。（图8-3-58）

图8-3-55 　　　　　　　　图8-3-56

图8-3-57 　　　　　　　　图8-3-58

第十式　狸猫倒上树

①接上势，左脚以脚跟为轴，脚尖随身体右转至正对前方，两膝稍内扣。同时，两掌变拳内旋随转体下落至腹前，两拳相对，拳心向下。目视前下方。（图 8-3-59）

②身体继续右转，提右脚勾脚尖外展。同时，右拳向上由胸前经下颌向上、向前钻出，高与鼻尖齐平。随即右脚向前外展落地，左膝抵右膝窝处，成交叉半蹲姿势。左拳变掌，顺着右臂内侧向前、向下劈，手高不过口；右拳变掌撤至腹前。目视左掌食指尖。（图 8-3-60、图 8-3-61）

图 8-3-59

图 8-3-60 　　　　　　　图 8-3-61

第十一式　进步右崩拳

接上势，两掌变拳握紧，左脚向前上一大步，右脚跟进落在左脚旁边，两脚并立，膝盖微屈。同时，右拳顺左臂方向直向前打出，拳眼向上，拳面微向前倾；左拳收至腹前，拳心向上。目视右拳。（图 8-3-62）

图 8-3-62

第十二式　退步横拳

接上势，右脚向后撤半步，然后左脚顺着右脚方向撤至右脚后方，两腿交叉，左脚顺，右脚横，身体右转。同时，左拳随左脚后撤向前打出，拳心向上；右拳撤至腹前，拳心向上。目视左拳。（图 8-3-63）

图 8-3-63

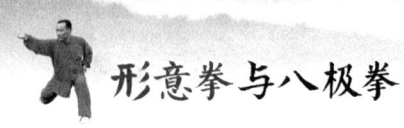

第十三式　顺步右崩拳

接上势，右脚向前上一步，左脚随之跟进半步，身体左转。同时，右拳顺着右脚方向直向前打出，拳眼向上，高与胸平；左拳撤至腹前，拳心向上，成右拳、右脚在前的顺步崩拳势。目视右拳。（图 8-3-64）

图 8-3-64

第十四式　钻拳提膝

接上势，右拳向内扣至拳面向下，拳眼向内，右膝稍内扣；随之右拳向外格挡，拳心向内，右腿向上提起，脚尖上勾。同时，左拳紧贴腹前。目视右拳。（图 8-3-65）

图 8-3-65

第十五式　震脚独立劈拳

接上势，右脚向左脚后方落地用力向下震脚，左脚收回紧贴右脚内侧，两膝微屈，身体右转。同时，右拳变掌，收回紧贴腹前，掌心向下；左拳变掌用力向前、向下劈击。目视左掌。（图 8-3-66）

图 8-3-66

第十六式　上步并步击掌

接上势，身体左转，左脚向前上步，右脚随之向前跟步，两脚成并步。同时，两手在额前斜上方击掌，左手在上。目视前方。（图 8-3-67）

图 8-3-67

第十七式　退步怀中抱月

接上势，左脚向后撤步，两手外旋翻转成掌心向上，随之右脚向后撤步，成两脚并步，向后垫步。同时，两手下落收在腹前。目视前方。（图 8-3-68）

图 8-3-68

第十八式　进步炮拳

接上势，右脚向前迈进一步（略向右斜），左脚跟进半步。同时，左掌变拳向前打出，拳眼向上，高与胸平；右掌变拳经胸前向上翻转上架，停于右额角旁，成右脚、左拳在前的拗步姿势。目视左拳。（图 8-3-69）

图 8-3-69

第十九式　进步右崩拳

接上势，右手向后回拉，随之左脚向前上步；右手随左脚上步向前直线打出，左手收回腹前。目视右拳。（图 8-3-70）

图 8-3-70

第二十式　龙虎相交

接上势，右腿屈膝抬起，脚跟用力向前蹬出，脚尖勾起，高与腰平；左膝微屈支撑。同时，左拳向前直线打出，高与胸齐，拳眼向上，左臂微屈；右拳收回至右腰侧。头向上顶，目视前方。（图 8-3-71）

图 8-3-71

第二十一式　顺步右崩拳

接上势，右脚向前落步，左脚随之跟进半步。同时，右拳顺着右脚方向直向前打出，拳眼向上，高与胸平；左拳撤至腹前，拳心向上，成右拳、右脚在前的顺步崩拳势。目视右拳。（图8-3-72）

图8-3-72

第二十二式　白鹤亮翅

接上势，右脚尖内扣，身体左转，两膝内扣，右脚向左脚并拢，两腿屈膝半蹲。同时，右拳下落内收，两拳相对，随即两臂向上摆起经头部前上方分开，再由两侧下落画一立圆收到腹前，左拳变掌，右拳落在左掌心内。目视前下方。（图8-3-73—图8-3-75）

图8-3-73

图 8-3-74　　　　　　　　图 8-3-75

第二十三式　翻身炮

接上势，双脚蹬地向上跳起，在空中身体右转 90°，双脚前后分开落地，左脚在前，右脚在后，成三体势步型。同时，右拳上钻，随转体置于右额角处，拳眼向内，右肘下垂；左掌变拳向前直线打出，高与胸齐，左臂微屈。头向上顶，目视左拳。（图 8-3-76）

图 8-3-76

第二十四式　鹞子入林

接上势，右脚向前上一大步，身体左转，右腿屈膝前弓，成右弓步。同时，右拳自腰侧向前、向上钻出，高与鼻齐；左拳收回置于右腋下。目视右拳。（图8-3-77）

图8-3-77

第二十五式　鹞子闪身

接上势，两脚原地拧转，身体左转，重心移向左腿成左弓步，身体稍向左倾斜，膝盖正对左前方。同时，右拳内旋向外摆至斜下方伸出，左拳经胸前由内向外摆至左耳旁。目视右拳。（图8-3-78）

图8-3-78

八、形意拳套路图解

第二十六式 鹞子翻身

①接上势，两脚原地拧转，身体右转，重心移向右腿成右弓步，身体稍向右倾斜，膝盖正对右前方。同时，两拳随转体向里、向上在面前交叉，右拳在外，左拳在内，拳心向内。目视右方。（图 8-3-79）

②两脚不动，上身左转，右拳经左臂外侧向上横肘架起至头上，左臂向下沉肘，左拳回收至胸前，身体重心全部移至右脚；随即右拳向后拉至右肩前，左拳内旋抬肘，以拳眼向内，顺左肋、左胯向下插。同时，右腿屈膝下蹲，左腿平铺伸直，成左仆步。左拳顺左腿内侧前伸，随前伸外旋至拳眼朝上；右拳向后拉回至腰侧。目视左拳。（图 8-3-80、图 8-3-81）

图 8-3-79

图 8-3-80    图 8-3-81

191

第二十七式　鹞子缩身

接上势，左拳前伸，重心移至左脚，左腿屈膝；右脚向前上步至左脚前方用力向下震脚，左脚提起，脚面紧扣右膝窝处，右膝微屈。同时，右拳自右腰侧上提至心窝，向前、向下打出，高与裆齐；左拳拉回至腹前，两拳交叉，左拳在内，拳心向里，右拳在外，拳眼向前。头向上顶，目视前方。（图8-3-82）

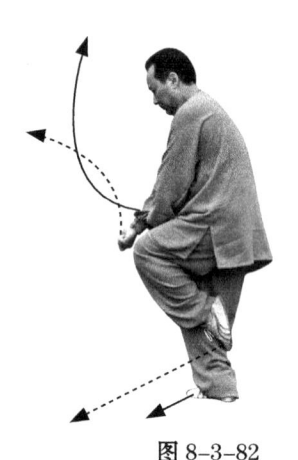

图 8-3-82

第二十八式　鹞子钻天

接上势，左脚向前迈进一步（略向左斜），右脚跟进半步。同时，左拳向前打出，拳眼向上，高与胸平；右拳经胸前向上翻转上架，停于右额角旁，成左脚、左拳在前的顺步势。目视左拳。（图8-3-83）

图 8-3-83

第二十九式　进步右崩拳

接上势，右拳下落由腰间随左脚上步向前击出，拳眼向上，右脚向前跟步。同时，左手回收至腹前。目视右拳。（图 8-3-84）

图 8-3-84

第三十式　顺步左崩拳

接上势，左脚继续向前进步，右脚跟步。同时，左拳顺着右臂方向直向前打出，拳眼向上；右拳收回紧贴腹部，拳心向下，成左拳、左脚在前的顺步势。目视左拳。（图 8-3-85）

图 8-3-85

第三十一式　退步猫洗脸

①接上势，身体稍左转，重心移至右腿，左脚微收回脚尖点地。同时，右拳变掌，掌心空出，四指微屈，似猫爪状，贴近面部从右自左抹过，置于左脸旁，掌心向内；左拳收回腹前，拳心向内。目视右手。（图 8-3-86）

②左脚后撤落在右脚后，身体稍右转；同时，左手变掌，掌心空出，四指微屈，似猫爪状，贴近面部从左自右抹过，置于右脸旁，掌心向内；右拳收回腹前，拳心向内。目视左手。（图 8-3-87）

图 8-3-86 　　　　图 8-3-87

③重复 2 次退步猫洗脸，成身体稍右转，右脚在前、左脚在后，左手成猫爪状置于右脸旁，右拳收回腹前。目视左手。（图 8-3-88、图 8-3-89）

图 8-3-88 　　　　　　　　　图 8-3-89

第三十二式　猴子叼索

①接上势，身体转正，重心稍偏于左腿。随之两手变掌，左手回收，同时右手顺左掌背向前推出；两手动作不停，右手回收，左手顺右手掌背向前推出，如此连续做 2 次左手向前推出，右手回收在腹前。（图 8-3-90、图 8-3-91）

图 8-3-90 　　　　　　　　　图 8-3-91

②动作不停，右手顺左掌背向下刁手，右手屈腕，四指弯曲并拢，拇指贴紧食指；左手收回与右手手型相同，屈腕置于胸前，左臂屈肘，上臂紧贴胸前。同时，右脚提起，脚尖外展。（图8-3-92）

图 8-3-92

第三十三式　上右步右崩拳

接上势，右脚落地，顺势向前上一步，左脚跟半步。同时，右手变拳回收顺右脚上步方向向前直线打出，拳眼向上；左手变拳收回腹前，拳心向下，成右拳、右脚在前的顺步势。目视右拳。（图8-3-93）

图 8-3-93

第三十四式　上右步左崩拳

接上势，右脚继续向前进步，左脚跟半步。同时，左拳顺着右臂方向直向前打出，拳眼向上；右拳收回紧贴腹部，拳心向下，成左拳、右脚在前的拗步势。目视左拳。（图 8-3-94）

图 8-3-94

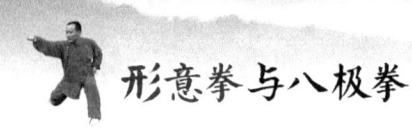

第三十五式　上右步右崩拳

接上势，右脚继续向前进步，左脚跟半步。同时，右拳顺着左臂方向直向前打出，拳眼向上；左拳收回紧贴腹部，拳心向下，成右拳、右脚在前的顺步势。目视右拳。（图8-3-95）

图8-3-95

第三十六式　风摆荷叶

①接上势，身体左转，重心移于左脚，右脚脚尖点地。同时，两手变掌，掌心向下，右臂伸直，与肩同高，左臂屈肘置于胸前。目视右手。（图8-3-96）

②右脚盖步落在左脚左斜前方，全脚掌着地，两腿成十字交叉，右脚跟微抬起，身体重心偏于右腿。同时，两掌自右向下、向左经面部从上向下摆落，身体随之向右后方扭转，右掌与肩平，左掌在右肩前，两掌心均向右后方。目视右掌。（图8-3-97）

图 8-3-96　　　　　　　　　图 8-3-97

第三十七式　进步左劈拳

接上势，身体左转 90°，面对起势方向，左脚向前上一大步，右脚跟进半步。同时，左掌向前劈下，掌心向前下方，肘部微屈；右掌下落于腹前，拇指根节靠紧肚脐，手腕向上立起。目视左手食指。（图 8-98）

图 8-3-98

199

第三十八式　鹞子缩身

接上势，右脚向前上步至左脚前方落地震脚；左脚提起，脚面紧扣右腿腘窝处，右膝微屈。同时，右掌变拳自右腰侧上提至胸前，向前、向下打出，高与裆齐；左臂屈肘内旋握拳至于右肘下，两拳交叉，左拳在内，拳心向下，右拳在外，拳心向上。目视前方。（图 8-3-99）

图 8-3-99

第三十九式　金鸡抖翎

接上势，左脚向前上步，重心落于两腿之间。同时，两拳收于腹前，拳眼相对，两肩用力上下抖动，发力于腰，犹如金鸡抖落身上灰尘之状。目视左斜方。（图 8-3-100）

八、形意拳套路图解

图 8-3-100

收　势

接上势，两臂由下经体侧向上，手掌领先，掌心向上上升至头顶处手臂内旋变拳经面部下沉至腹前。同时，左脚收回靠拢右脚，身体轻缓起立，保持向左斜 45°方向，然后身体转正。目视前方。（图 8-3-101—图 8-3-103）

图 8-3-101

201

图 8-3-102　　　　　　　　图 8-3-103

九、形意拳套路动作连续演示图

(一) 五行连环拳动作连续演示图

图 8-1-1

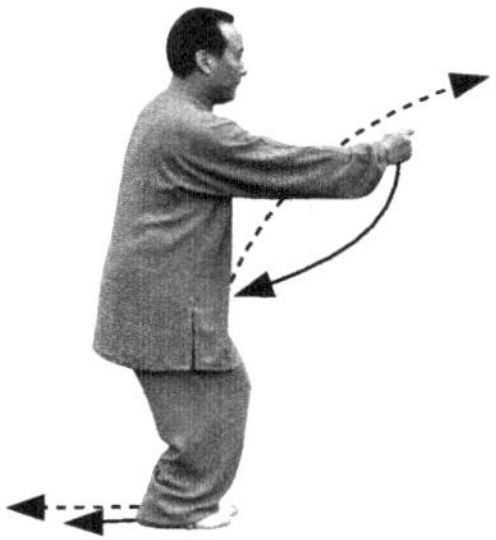

图 8-1-2

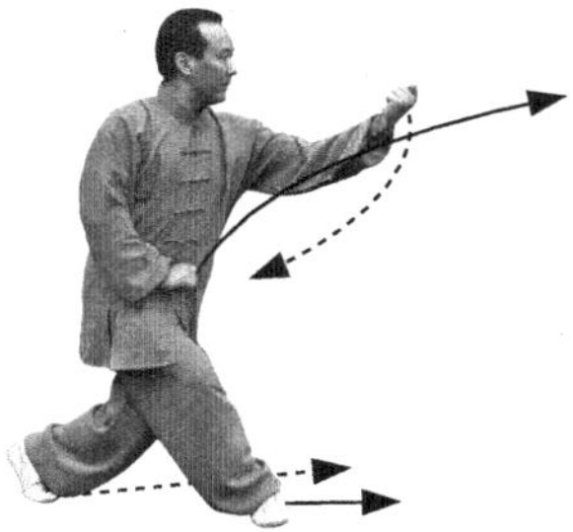

图 8-1-3

图 8-1-4

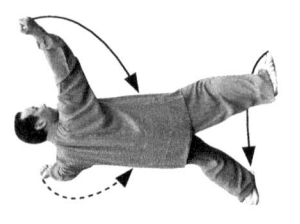

形意拳与八极拳

图 8-1-8

图 8-1-12

图 8-1-7

图 8-1-11

图 8-1-6

图 8-1-10

图 8-1-5

图 8-1-9

204

九、形意拳套路动作连续演示图

图 8-1-16

图 8-1-20

图 8-1-15

图 8-1-19

图 8-1-14

图 8-1-18

图 8-1-13

图 8-1-17

形意拳与八极拳

图 8-1-21 　　图 8-1-22 　　图 8-1-23

图 8-2-1　　图 8-2-2　　图 8-2-3　　图 8-2-4

（二）形意人式拳动作连续演示图

206

九、形意拳套路动作连续演示图

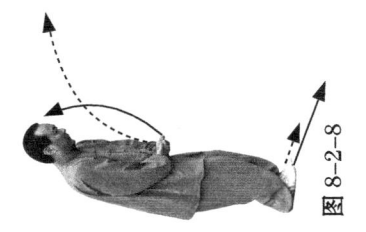

图 8-2-5　图 8-2-6　图 8-2-7　图 8-2-8
图 8-2-9　图 8-2-10　图 8-2-11　图 8-2-12

207

形意拳与八极拳

图 8-2-16

图 8-2-20

图 8-2-15

图 8-2-19

图 8-2-14

图 8-2-18

图 8-2-13

图 8-2-17

208

九、形意拳套路动作连续演示图

（三）综合形意拳动作连续演示图

图 8-2-21
图 8-2-22
图 8-3-1
图 8-3-2
图 8-3-3 
图 8-3-4 

209

形意拳与八极拳

图 8-3-5 　图 8-3-6 　图 8-3-7 　图 8-3-8

图 8-3-9 　图 8-3-10 　图 8-3-11 　图 8-3-12

210

九、形意拳套路动作连续演示图

图 8-3-16

图 8-3-20

图 8-3-15

图 8-3-19

图 8-3-14

图 8-3-18

图 8-3-13

图 8-3-17

211

形意拳与八极拳

图 8-3-24

图 8-3-28

图 8-3-23

图 8-3-27

图 8-3-22

图 8-3-26

图 8-3-21

图 8-3-25

九、形意拳套路动作连续演示图

图 8-3-32

图 8-3-36

图 8-3-31

图 8-3-35

图 8-3-30

图 8-3-34

图 8-3-29

图 8-3-33

形意拳与八极拳

图 8-3-40

图 8-3-44

图 8-3-39

图 8-3-43

图 8-3-38

图 8-3-42

图 8-3-37

图 8-3-41

214

九、形意拳套路动作连续演示图

图 8-3-48

图 8-3-52

图 8-3-47

图 8-3-51

图 8-3-46

图 8-3-50

图 8-3-45

图 8-3-49

215

形意拳与八极拳

图 8-3-53 　图 8-3-54 　图 8-3-55 　图 8-3-56
图 8-3-57 　图 8-3-58 　图 8-3-59 　图 8-3-60 

216

九、形意拳套路动作连续演示图

图 8-3-64

图 8-3-68

图 8-3-63

图 8-3-67

图 8-3-62

图 8-3-66

图 8-3-61

图 8-3-65

217

形意拳与八极拳

图 8-3-72

图 8-3-76

图 8-3-71

图 8-3-75

图 8-3-70

图 8-3-74

图 8-3-69

图 8-3-73

218

九、形意拳套路动作连续演示图

图 8-3-77
图 8-3-78 
图 8-3-79 
图 8-3-80 
图 8-3-81 
图 8-3-82 
图 8-3-83 
图 8-3-84 

219

形意拳与八极拳

图 8-3-88

图 8-3-92

图 8-3-87

图 8-3-91

图 8-3-86

图 8-3-90

图 8-3-85

图 8-3-89

220

九、形意拳套路动作连续演示图

图 8-3-93
图 8-3-94
图 8-3-95
图 8-3-96
图 8-3-97
图 8-3-98
图 8-3-99
图 8-3-100

形意拳与八极拳

图 8-3-101

图 8-3-102

图 8-3-103

八极拳

十、八极拳的源流

（一）八极拳起源

八极拳是我国北方拳种之一，又称"开门八极拳""岳山八极拳""八技拳""八忌拳"等。所谓开门，指"六大开"，即顶、抱、单、提、挎、缠六种基本方法为技法核心，破开对方门户之意。拳称八极，乃沿用古代九州之外有八寅，八寅之外有八纮，"八纮之外有八极"的说法，即八方极远之意。八极拳之名也是要将八极拳的劲道练到极远之境。

八极拳历史悠久，经历代传人刻苦精研、以其独特的风格和练法不断发扬光大，经久不衰，代代涌现出诸多的武术名家，在武术界影响很大。

八极拳的起源时间和地点，至今说法不一。一说，起源于明代，因在戚继光著《纪效新书——拳经捷罗篇》中，曾提到"巴子拳"即"八极拳"。二说，源于武当，是道士所创。三说，是清代河南月山寺和尚张岳山所创。四说，是清代一号"癞"的云游道士所创。但均无确切史料依据，故其起源有待进一步研究。还有说法八极拳原始于河南嵩山少林寺，为少林寺第四门看山拳。比较确凿的证据是，据孟村丁氏家族的世代口传和丁发祥之墓碑碑文，以及遍及全国范围的八极拳重要谱志《八极拳精要》和《沧县志》等典籍记载："丁发祥，字瑞羽，生于明万历四十三年（1615年），卒于清康熙三十三年（1694年），初练家传查拳、弹腿和戳脚，后幸遇并受业于绰号为'邋遢道人'的黄绝道长，学得绝技八极拳。"

形意拳与八极拳

当时，八极拳包括八极长拳和八极短打两种练法，系内由外家八种拳中之精华手法组成，故名为"八极拳"。另有说法是因为拳法中常用于攻击的"头肩肘手，胯膝足尾"是人身之八极，所以才叫"八极拳"。

（二）历史沿革

按照通常的说法，八极拳由癞姓道士传艺河北省庆云县后庄科村人吴钟，吴钟传艺其女吴荣。后吴家移居沧县孟村镇（今孟村回族自治县），孟村遂成为八极拳的传播地。自吴荣之后，八极拳分两支传习：一支是吴氏本家及其门生。近代传衍不绝，造诣较深者有吴楠、吴世科，以及其近亲马凤图。另一支是王四学艺于孟村后，传罗疃张克明，张传其子张景星、黄四海等。张景星传人较多，其中影响较大的有李书文、马英图、韩化臣、张玉衡（张景星之子）等。1928年南京中央国术馆成立后马英图、韩化臣成为馆内首批武术教官，开始在中央国术馆传授八极拳，至此八极拳由孟村一隅之地播及全国。

1937年抗日战争爆发后，中央国术馆开始迁徙，至1940年5月迁至四川重庆，八极拳开始在巴蜀传播，代表人物为郑怀贤、王树田等。

成都体育学院研习的八极拳，是由老一辈武术家郑怀贤、王树田在传统八极拳的基础上共同编制而成的传统武术套路。

著名武术家郑怀贤教授，生于1897年，自10岁起，先后在河北省新安县和北京市跟随李而青（又名李二庆）、孙禄堂、魏金山等武林前辈学习武功技艺和骨伤科医术，1928年到南京中央国术馆短期培训。郑怀贤身经晚清、民国、新中国三个时代，具有渊博的武术知识、深厚的武功基底和精奇的武术技艺，他以孙氏形意、八卦、太极三拳为骨架，融会戳脚、翻子、八极、劈剑、大枪等技

十、八极拳的源流

艺,熔铸为一个训练体系,形成无中生有、刚柔相济、长短兼备、动静如一的运动特点。郑怀贤不仅具有高尚的武德修养,而且一生都致力于武术训练体系的建立与探索,以及对武术与中医骨伤疗法的结合也做出巨大的贡献,确立了他成为20世纪中国最杰出的武术家和医学家之一。

著名武术家王树田教授,1918年生于河北新城县史家镇,少时师从形意拳大师朱国福先生习艺,1928年考入南京中央国术馆第一期武术专修班,师从于朱国福、朱国桢、郭子平、马英图、高振东等习艺,王树田精通形意拳、八卦掌、太极拳、八极拳、擒拿、摔跤等多种拳术。其传承明朗,技艺精湛、功夫纯正,在1995年"中华武林百杰"评选中,名列百杰。

早在20世纪50年代,郑怀贤为主教练、王树田为教练组建成都体院武术队时已把八极拳作为教学内容。在武术名家郑怀贤、王树田的亲自指导下,学生邹德发、周直模得以研习。经过成都体育学院武术系几代武术家的传播发展,八极拳这一优秀传统武术套路发扬光大传承至今。

八极拳在长期的教学实践中,深受国内外武术爱好者的喜爱,早在1979年王树田教授就在《成都体育学院学报》发表文章《八极拳》。1983年,八极拳被成都体院武术教研室编入《武术套路汇编》,成为成都体院武术系优秀的、至今还在传承的教学内容之一。

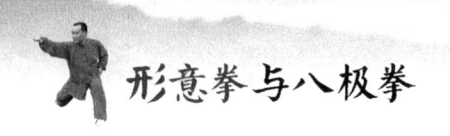

十一、八极拳的风格特点

郑氏八极拳套路除具有其他八极拳套路所共有的结构短小精悍、发力刚脆、以震脚闯步、节短势险、刚猛暴烈、猛起硬落、逼身紧攻、以短制人的特点外，还具有以下几种特点。

（一）意正身直、内外合一

八极拳在身法上讲究意正身直，松肩气下，形成外方内圆、含胸拔顶的动作形态。运动时抖胯合腰、手脚相合，实现气力贯通、意守丹田，以意领气，以气催力，三盘六点，内外合一。

（二）劲力刚猛、技击为先

八极拳动作极其刚猛，劲力上讲究崩、撼、突击。崩，如山崩之势；撼，如震撼山岳；突击，为用法突然，动作干脆。并有顶、抱、单、提、胯、缠六种发劲方法。要求发力于脚跟，行于腰际，贯力指尖，爆发力极大。发力瞬间要动如崩弓，发如炸雷，势动神随，疾如闪电，以刚劲为主。八极拳套路每一招式都有其攻防意义，在用法上讲究"挨、膀、挤、靠"，见缝插针、有缝即钻，故极富技击之特色。技击歌诀有："上打云掠点提，中打挨戳挤靠，下打吃根埋根。"讲求三盘连击。进则发，退则稳，身不舍正门，脚不可空存，眼不及一目，拳不打定处。

（三）拳重寸巧、步稳沉搓

作为攻守兼备的拳法，八极拳在技击手法上讲求寸截、寸拿、硬开、硬打、挨、戳、挤、靠、崩、撼、突击，口诀曰："一寸、二裹、三提、四挎、五戳、六搂、七硬、八摔。"其步法讲究"四不"，即不丁、不八、不弓、不马，要用拥搓步、跺碾步、翻身跺子，做到十趾抓地牢，两膝微下蹲，松胯易拧腰，两肘配两膝，八方任飘摇。还要注重沉坠劲，两脚不离地。

此外，强调技击实用也是郑氏八极拳的主要特点之一。郑怀贤老师在授拳时要求学生习武必要明法。讲究交手时，身体偏侧滚进，尽量缩小被攻击的部位。出手要后发先至，顺势发力，以柔迎刚，以巧制胜。演练时要掌握好紧、劲、疾、侧、切五字要诀。实战中做到出手快、力透骨，并灵活运用一胆、二力、三法、四时机四大要素。将八极拳技击所讲究得彼不动，我不动，彼若不动，我以引手诱敌发招糅入演练中，实现贴身进发、三盘连击，而一举成功。

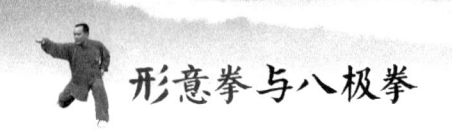

十二、八极拳的演练要求

邹德发老师在《谈郑怀贤的武功技艺》中介绍郑老师练功时常说到："练为用，不为看。""以艺练功，事半功倍，以功促艺，功深艺精，功艺结合，成功之道。"又说："练功要生活化，刷牙、洗脸站骑马势；吃饭做事练浑元桩；看戏站三体势；挑水练行步，这样既省时又有效。"总之，功夫是练出来的。

（一）姿势舒展、手脚相随

演练时要做到含胸拔背、顶项拔腰、沉肩垂肘、上腭下沉、左撑右拉，并利用"十字整劲"保持重心平稳，达到舒展稳坚的目的。

演练时还要求眼随手转，拳（包括肘、肩、胸、背）脚（包括腿、膝）齐发、上打下封、紧逼硬攻、长短兼施，做到手到步落、上下相随以及手脚同时起落。

（二）下盘稳固、劲力短快

动作要求踢腿高不过裆，脚不离地（指没有蹿蹦跳跃的步法）。在步法上多用"拥、搓、震、碾"，震脚闯步如穿石入洞、落地生根，以"沉坠劲"为根基。

发力要求短促快速，要充分体现出"绷劲"。所谓"绷劲"就是短快劲，即在短距离上一瞬间的爆发力。在发力的瞬间要运用内气，重心下沉，使身体牢如磐石。

（三）变化突然、拥搓代缓

演练时要求做到发招突然、变化快速、上下肢体合一。练习时通常把几个动作连在一起进行，干净利落，一气呵成，做到猛起硬落、动迅静定、变化莫测、疾如闪电、难以捉摸，使对方防不胜防、措手不及。

八极拳运动中的突发之后和定势之前都要求要"缓"，但"缓"的技法主要着重于"缠丝劲"和"拥搓"步法的运用。用拥搓代缓的好处是劲力连贯、富有节奏，此时是缓而不松、不散、不懈。

（四）以气催力、阴阳顿挫

八极拳动作简洁朴实，势险节短，多肘法，多直线往返。演练时要吐气发声，以声助势，以势动员身体肌力聚集一处，以气催力，并发哼、哈二声。演练时，其动作动静、起落、快慢、轻重、高低、刚柔相互衬托、相互补充，阴阳顿挫，表现出鲜明的节奏感。

（五）刚柔相兼、神形合一

八极拳要求明劲、暗劲均存。明劲则刚，具有威猛沉稳、发如炸雷的风格；暗劲则柔，它以"四六步"为主，用"拥搓"步法尽量做到缓慢均匀，使动作之间不断劲。这样就形成了动作突然之后的缓连，使劲力不断、均匀中猛发更显突然，使动作有刚有柔，刚柔相兼，构成了一个既对立又统一的运动整体。

　　八极拳中的运动、变化、功用是建立在动静、开合、刚柔、虚实、起落、进退、急缓、攻防等对立又统一因素的基础上的。因此，练习八极拳要求全神贯注、精神饱满、思想集中，达到精神、形体合一。

　　上述各要求是贯穿在八极拳的始终，它们相互联系、相互统一，不可分割，只要理解掌握了以上技法要求，练好八极拳就不难了。

十三、八极拳的基本动作

（一）基本手型

1. 拳：四指并拢卷握，拇指紧扣食指和中指的第二指关节。（图 13-1）
2. 掌：四指并拢伸直，拇指弯曲紧扣于虎口处。（图 13-2）
3. 钩手：五指第一指节捏拢在一起，屈腕。（图 13-3）

图 13-1    图 13-2

图 13-3

（二）基本步型

1. 弓步：右脚上前一大步（为本人脚长的 4~5 倍），脚尖微内扣，右腿屈膝半蹲（大腿接近水平），膝与脚尖垂直；左腿挺膝伸直，脚尖内扣（斜向前方），两脚全脚着地，上体正对前方。眼向前平视（图 13-4）。弓右腿为右弓步，弓左腿为左弓步。

2. 马步：两脚平行开立（约为本人脚长的 3 倍），脚尖正对前方，屈膝半蹲，膝部不超过脚尖，大腿接近水平，全脚着地，身体重心落于两脚之间。（图 13-5）

3. 虚步：两脚前后开立，右脚外展 45°，屈膝半蹲；左脚脚跟离地，脚面绷平，脚尖稍内扣，虚点地面，膝微屈，重心落在后腿上。眼平视前方（图 13-6）。左脚在前为左虚步，右脚在前为右虚步。

图 13-4

图 13-5

图 13-6

4. 独立步：一腿支撑站立，另一腿屈膝提于胸前，身体立直。（图 13-7）

5. 丁步：一腿略屈下蹲，全脚掌着地；另一腿屈膝并立，前脚掌点地置于另一脚内侧。（图 13-8）

6. 并步：两脚并拢，两腿屈膝下蹲，大腿高于水平，上身立直。（图 13-9）

图 13-7 　　　　　　　　　图 13-8

图 13-9

7. 跪步：两腿前后分开，距离约两脚长，前腿屈膝下蹲，后腿屈膝下跪，膝部接近地面，脚跟离地，臀部后坐。（图13-10）

8. 半马步：两脚分开，距离为脚长的 2~3 倍，前脚尖稍外展，后脚内扣，两腿屈膝下蹲，体重分前四后六，上身正直，含胸收腹，沉肩敛臀。（图13-11）

图 13-10

图 13-11

（三）基本手法

1. 贯拳：右拳由后向前、向左直臂横击，拳心向下，力达拳眼。（图 13-12、图 13-13）
2. 冲拳：臂由屈到伸，直向某一方向冲击，力达拳面（图 13-14、图 13-15）。拳心向下为平拳，拳眼向上为立拳。

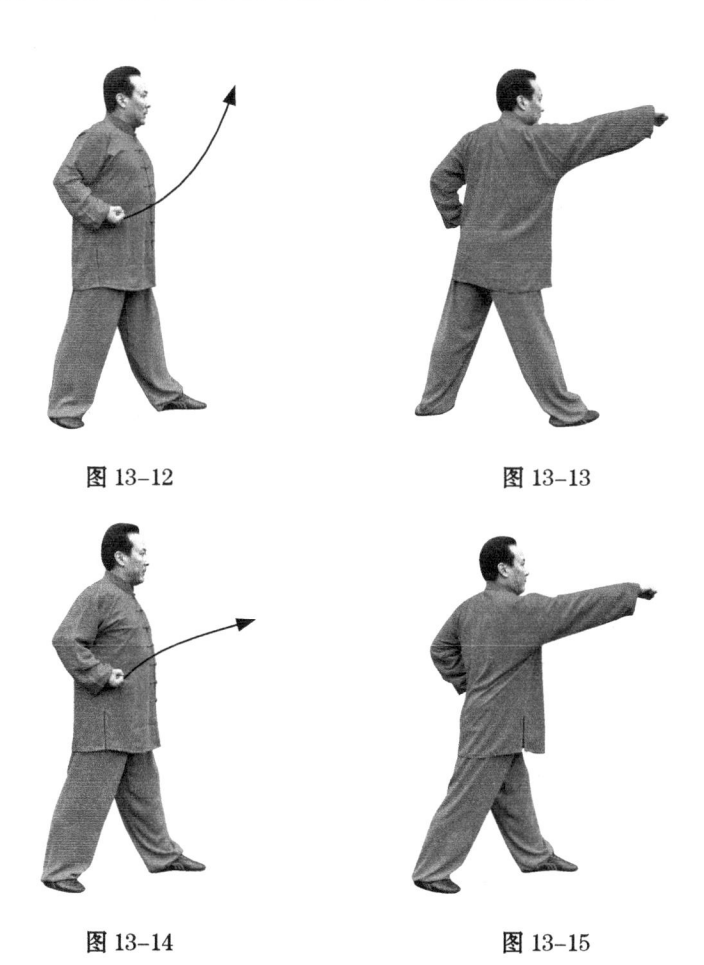

图 13-12

图 13-13

图 13-14

图 13-15

形意拳与八极拳

3. 劈拳：拳由上向下或向斜下方迅猛劈击，力达拳轮。（图 13-16、图 13-17）

4. 反砸拳：以右拳为例，拳由胸前经左臂外沿由左向右侧外旋反臂下砸拳，拳心向上，力达拳背。（图 13-18、图 13-19）

图 13-16 　　　　　　　　　图 13-17

图 13-18 　　　　　　　　　图 13-19

5. 挑拳：以左拳为例，拳由腹前成立拳，由下向上挑，拳眼向上。（图 13-20）

6. 搂手：反手由内向外弧形搂拨，拇指分开，手心向外，掌沿用力。（图 13-21、图 13-22）

图 13-20

图 13-21

图 13-22

7. 小缠手：以腕关节为轴，手掌由内向上、向外缠绕，同时前臂外旋，反手向外上方抓握。（图 13-23、图 13-24）

8. 按掌：前臂内旋翻肘，手掌自外向内、向下，或由上向下按压至腹前（体侧），掌心向下。（图 13-25）

9. 推掌：掌由腰间旋臂向前立掌推击，力达掌根或掌外沿。（图 13-26）

图 13-23 　　　　　　　　图 13-24

图 13-25 　　　　　　　　图 13-26

十三、八极拳的基本动作

10. 搓掌：以右掌为例，掌心向右以掌根向前沿左臂上方向前搓出，高与肩平，掌指向上；同时左拳收抱于腰间。（图 13-27、图 13-28）

11. 架掌：手臂内旋翻肘，由下向上架挡，掌心斜向上。（图 13-29）

12. 削掌：手臂内旋，掌心向下，向前削出，力达小指外侧。（图 13-30）

图 13-27 　　　　　　　　　图 13-28

图 13-29 　　　　　　　　　图 13-30

(四) 基本腿法

1. 弹踢：一腿伸直支撑；另一腿屈膝提起，小腿迅速向前弹出，脚面绷紧，力达脚尖。（图 13-31）

2. 震脚：一腿微屈支撑；另一腿屈膝提起，迅速下震，力达脚跟。（图 13-32、图 13-33）

图 13-31

图 13-32

图 13-33

十四、八极拳拳谱名称

起势

第一段

第 一 式　并步半蹲挑拳
第 二 式　上步勾踢震脚顶肘
第 三 式　弓步横击拳
第 四 式　弓步盘肘冲拳
第 五 式　转身并步按掌栽拳
第 六 式　搂手弹踢腿
第 七 式　半马步反砸拳
第 八 式　弓步盘肘冲拳
第 九 式　虚步砍掌
第 十 式　马步双插掌
第十一式　提膝掩肘震脚弓步双推掌
第十二式　虚步亮掌
第十三式　翻身震脚马步架推掌（鹞子翻身）
第十四式　抡臂转身震脚马步架推掌（大缠一）
第十五式　抡臂转身震脚马步架推掌（大缠二）
第十六式　小缠半马步冲拳
第十七式　半马步搓掌
第十八式　弓步架按掌

第二段

第 十 九 式　弓步架掌（右、左）
第 二 十 式　跪步栽拳
第二十一式　马步双封掌
第二十二式　转身并步推掌
第二十三式　马步挂拳
第二十四式　转身弓步架削掌
第二十五式　扣腿砍掌
第二十六式　马步双插掌
第二十七式　虚步撩掌
第二十八式　退步半马步搓掌
第二十九式　上步半马步搓掌
第 三 十 式　提膝刁手退步推掌（一）
第三十一式　提膝刁手退步推掌（二）
第三十二式　弓步架按掌

第三段

第三十三式　小缠半马步冲拳
第三十四式　退步劈拳
第三十五式　挑（挂）臂纵跳弹踢腿
第三十六式　半马步反砸拳
第三十七式　转身并步按掌栽拳
第三十八式　搂手弹踢腿
第三十九式　半马步反砸拳
第 四 十 式　弓步盘肘冲拳
第四十一式　虚步砍掌
第四十二式　马步双插掌

第四十三式　小缠勾踢腿
第四十四式　震脚弓步冲拳
第四十五式　转身虚步挑亮掌
第四十六式　小缠勾踢腿
第四十七式　震脚弓步冲拳
第四十八式　上步提膝钩手推掌
第四十九式　扣腿转身马步钩手侧挑
第 五 十 式　刁手弓步削掌
第五十一式　刁手弓步削掌
第五十二式　并步半蹲栽拳顶肘
第五十三式　转身并步对拳
收势

十五、八极拳套路图解

预备势

两手自然下垂，两脚并拢站立，成立正姿势。（图 15-1）

图 15-1

第一段

第一式　并步半蹲挑拳

接上势，两腿屈膝半蹲，上体微左转。同时，两手腹前交叉，右手在外，左手在内，左手在腹前由下向左直臂上挑成立拳，拳眼向上；右手回收贴于腹前握拳。目视左手。（图15-2、图15-3）

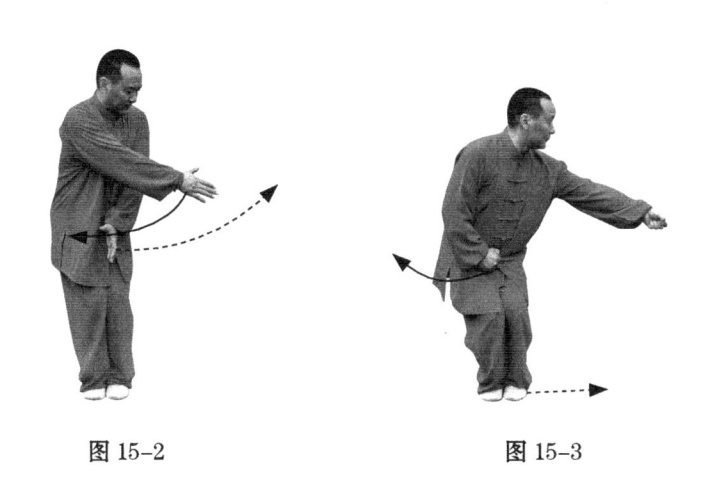

图 15-2　　　　　　　　　图 15-3

要领：顶头，竖项，挺胸，立腰，紧臀，身体不要前倾后仰，眼随左手。

第二式　上步勾踢震脚顶肘

1. 上步挑拳勾踢

接上势，身体左转，左脚向前上一步，膝微屈，脚外展，重心前移至左脚，右脚勾脚尖挺膝前摆，脚跟擦地上踢，高不过膝。同时，右手先后摆再向前上方随右臂屈肘上挑右拳，高与头平，拳心向左；左拳收附于右肘内侧，拳心向下。目视右手。（图15-4、图15-5）

要领：挑拳勾踢要同时，发力短促，一气呵成。

247

图 15-4　　　　　　　　　图 15-5

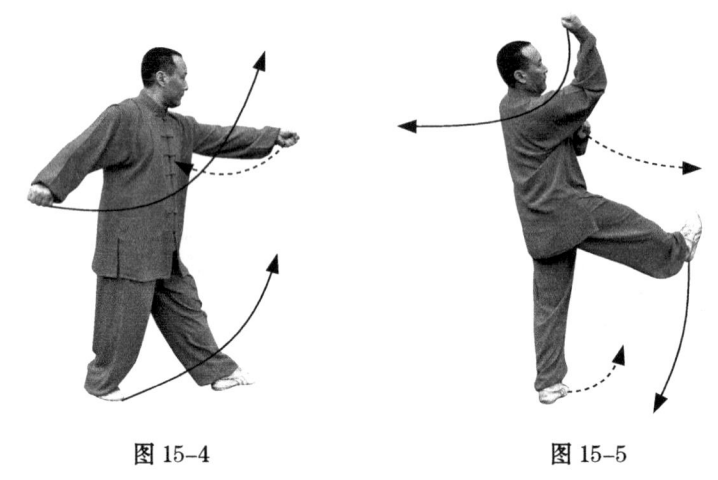

2. 震脚半马步栽拳顶肘

①接上势，身体右转，右腿屈膝下震，左脚迅速提起。同时，右拳向右上方打开，左拳向左侧斜下方伸出。（图15-6）

图 15-6

②左脚向左侧下落，右脚稍向左侧滑动，两腿屈膝半蹲，成半马步。同时，左臂屈肘上抬顶肘，高与肩平，左拳停于左耳上，拳心向上；右臂内旋经右腋向右侧斜下方栽拳，拳心向后。目平视左前方。（图 15-7）

图 15-7

动作要领：滑步顶肘动作连贯，肘与肩平，力达肘尖。

第三式　弓步横击拳

①接上势，身体左转，左脚外展，重心前移，右腿向前低摆，脚高不过膝。同时，左臂内旋向下平屈于胸前，拳心向下。（图 15-8）

②右脚向斜前方下落，右腿屈膝前弓，成右弓步；同时，右拳由后向前、向右直臂横击，拳心向下，高与肩平；左拳收抱于腰间。目视右拳。（图 15-9）

要领：摆腿与右横击拳衔接紧凑，以腰带臂旋转发力，拳心向下。

图 15-8 　　　　　　　　图 15-9

第四式　弓步盘肘冲拳

①接上势，身体稍向左转，重心左移，右腿屈膝微跪，右脚跟提起。同时，右臂内旋向左斜前方横摆。（图 15-10）

②身体右转，重心右移，右脚跟下震，成右弓步。同时，左拳由腰间经右臂内侧向前冲出成平拳，拳心向下，高与肩平；右臂屈肘向后平顶肘，肘与肩平，右拳停于右肩前，拳心向下。目平视前方。（图 15-11）

图 15-10 　　　　　　　　图 15-11

要领：冲拳拧腰顺肩，身体沉坠发劲。

第五式　转身并步按掌栽拳

①接上势，身体左后转 180°，重心右移，抬左脚收靠于右踝内侧下落时两脚向后滑动并步半蹲。同时，左拳变掌经左侧向斜下按掌。（图 15-12）

②右拳从右耳侧向斜下方栽拳；同时左掌收附于右前臂内侧。目视右拳。（图 15-13）

要领：拳由耳侧下栽，力达拳面，后滑下栽拳上下协调一致。

图 15-12

图 15-13

第六式　搂手弹踢腿

接上势，左掌由下向上外旋搂手变拳收抱于腰间，右臂不动。同时，重心移至左腿，右腿向右斜下方弹踢，绷脚背，高不过左膝。目视右前方。（图 15-14—图 15-16）

要领：上体不动，先搂手后低弹腿，力达脚尖。

图 15-14 　　　　　　　　图 15-15

图 15-16

第七式　半马步反砸拳

①接上势，两臂腹前交叉，右臂在外，拳眼向内。同时，右脚收贴于左脚踝关节内侧。（图 15-17）

②右脚向右前方迈出，左脚稍向前滑步，两腿屈膝半蹲，成半马步。同时，右拳经腹前由左至右画弧反臂下砸拳，高与眉齐，拳心向上；目视右拳，左拳平收于右肘下方。目视右拳。（图 15-18）

图 15-17 　　　　　　　　图 15-18

要领：以腰带臂外旋反臂下砸，左脚滑步紧跟右脚，两腿下蹲成半马步。

第八式　弓步盘肘冲拳

①接上势，身体稍向左转，重心左移，右脚跟提起。同时，右臂内旋向左斜前方横摆，左拳收抱于左腰间。目视右拳。（图 15-19）

②身体右转，重心右移，右脚跟下震，右腿屈膝前弓，成右弓

253

步。同时，左拳由腰间经右臂内侧向前冲出成平拳，拳心向下，高与肩平；右臂屈肘向后平顶肘，肘与肩平，右拳停于右肩前，拳心向下。目平视前方。（图15-20）

图15-19

图15-20

要领：震脚用力短促，冲拳拧腰顺肩，身体沉坠发劲。

第九式 虚步砍掌

接上势，身体稍右转，重心移至左腿微屈膝，右脚收回半步，成右虚步。同时，左拳变掌翻腕由左向右平砍，掌心向上，掌指向前；右拳下落收抱于右腰间。目视左掌。（图15-21）

要领：收脚、拧腰、砍掌协调一致，同时完成；砍掌时，左前臂外旋，由屈到伸向前迅猛砍出，力达掌根及外沿。

图15-21

十五、八极拳套路图解

第十式　马步双插掌

①接上势，身体左转，左掌收至腹前，右拳变掌由腰间收至腹前，两掌根相对，掌心斜向前。（图15-22）

②右脚向右滑一步，左脚随右脚滑动，两腿屈膝下蹲，成马步。同时，两掌从腹前向左右两侧插出成立掌，掌心向前，掌指向左右。目视右掌。（图15-23）

图15-22　　　　　　　　　图15-23

要领：两脚滑步灵活紧凑，马步与双插掌上下协调一致，同时完成，插掌高与肩平，边达掌指。

第十一式　提膝掩肘震脚弓步双推掌

①接上势，身体右转，重心移至左腿，右腿屈膝抬起。同时，两掌由体侧收至脸前，掌心斜向上，掌根相对。目视两掌。（图15-24）

②右脚迅速下震，左脚稍提起。同时，两掌内旋向下收贴于腹前。随即左脚向前迈出一步，左腿屈膝前弓，成左弓步。两掌向前推出，掌心斜向前上方。目视前方。（图15-25、图15-26）

255

图 15-24

图 15-25 　　　　　　图 15-26

要领：提膝掩肘含胸收腹，弓步与双推掌同时完成，推掌力达掌根。

第十二式　虚步亮掌

接上势，重心后移至右腿，上体右转，收左脚半蹲，成左虚步。同时，右掌向下、向后击拍右大腿（摆臂姿势不停），随即右

256

臂向上画弧抖腕成亮掌，横架于头右侧前上方；左掌向上挑腕成立掌，掌指向上，小指一侧向前。目视左侧。（图15-27）

图15-27

要领：两手腕放松灵活，左腕挑、右腕抖，亮掌虚步上下协调一致；以腰带臂画弧，眼随手走，抖腕摆头看左掌。

第十三式　翻身震脚马步架推掌（鹞子翻身）

①接上势，身体右转。同时，两掌随转体由上向右后方画弧，重心在右腿。目视右掌。（图15-28）

②重心移至左脚，右脚抬起身体向右侧倾倒。两掌随转体从右侧由上向左下方画弧。随即身体向左翻转，右脚下震，左脚提起。两臂成立圆摆动，右掌收至右腰间，左掌经左侧画弧绕至头左上方抖腕成亮掌。（图15-29）

③以右脚为轴，身体继续左转，左脚向左侧落步，右脚稍向左侧滑动，两腿屈膝下蹲，成马步。同时，左掌亮掌，掌指向右，掌心斜向上；右掌由腰间向右侧推出成立掌，掌指向上，小指向外。目视右手。（图15-30）

形意拳与八极拳

图 15-28

图 15-29

图 15-30

要领：翻身抡臂转如车轮，灵活快速；滑步平稳、连贯，马步、推掌上下协调一致，步到、手到、眼到，一气呵成。

第十四式　抡臂转身震脚马步架推掌（大缠一）

①接上势，重心左移，身体左转，两臂由上向下、向后直臂摆动。随即，右臂由右下经腹前向左、向上继续摆动至右侧上方；

258

十五、八极拳套路图解

左臂由后下向左、向前摆动。同时，身体右转，右腿上抬。（图15-31、图15-32）

②右脚下震，身体重心升降，左脚提起向右踝关节内侧靠拢。同时，右掌向上绕至头前右上方成亮掌，掌心斜向上；左掌收回左腰间。（图15-33）

图15-31 　　　　　　　　　图15-32

图15-33

③左脚向左侧迈出一步，右脚稍向左侧滑动，两腿屈膝下蹲，成马步。同时，左掌由腰间向左侧推出成侧立掌，高与肩平。目视左掌。（图15-34）

图 15-34

要领：以腰带臂，翻身抡臂转如车轮，侧滑成马步要有沉磋、挤靠的力量。

第十五式　抡臂转身震脚马步架推掌（大缠二）

①接上势，重心右转，身体右转，两臂由上向下、向后直臂摆动。随即左臂由左侧向下经腹前向右上方再继续向左下直臂抡摆；右臂由后向右侧上方摆动。同时，身体左转，左腿上抬。（图15-35、图15-36）

②左脚下震，重心下降，右脚提起向左脚踝关节内侧靠拢。同时，左臂经左侧向上绕至头前上方成亮掌，掌心斜向上；右掌收回右腰间。（图15-37）

③右脚向右侧迈出一步，左脚向右稍滑动，两腿屈膝下蹲，成马步。同时，右掌从腰间向右侧推出成侧立掌，高与肩平。目视右掌。（图15-38）

十五、八极拳套路图解

图 15-35

图 15-36

图 15-37

图 15-38

要领：以腰带臂，翻身抡臂转如车轮，侧滑成马步要有沉磋、挤靠的力量。

第十六式　小缠半马步冲拳

①接上势，重心移至左脚，身体右转，右脚上抬。同时，右掌

261

由右侧向下经胸前向上摆，左掌向前下握右腕。（图15-39）

②右掌外旋成握拳，收抱于右腰间；左手不变。同时，右脚下震，左脚迅速提起，身体右转。目视左下方。（图15-40）

③左脚向左侧迈出，两腿屈膝半蹲，成半马步，脚尖向左。同时，左掌变拳从腰间向左侧冲出成立拳，拳眼向上；右拳动作不变。（图15-41）

要领：缠腕要用螺旋劲，震脚下沉发力；半马步与冲拳上下协调一致，步到、拳到，力达拳面。

图15-39　　　　　　图15-40

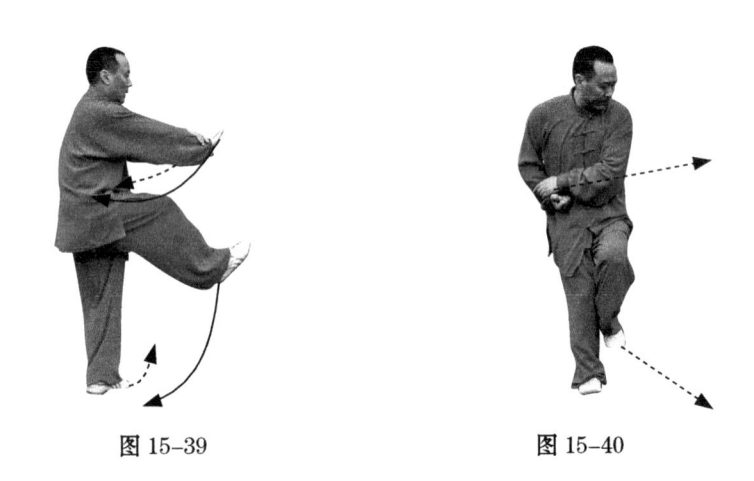

图15-41

第十七式　半马步搓掌

接上势，左脚外展，身体左转180°，左拳收抱于左腰间。随即右脚向右侧滑一步，脚尖向右，成半马步，右拳变掌从腰间经胸前沿左臂上方向右搓出成立掌，掌心向右，掌指向上，高与肩平。目视右掌。（图15-42）

图 15-42

要领：转体快速顺畅，滑步流畅沉稳；右掌沿左臂上方搓出，上下动作完整一致。

第十八式　弓步架按掌

①接上势，身体左转，重心左移。同时，右掌外旋向左侧平摆至胸前，掌心向上。（图15-43）

②重心移至左腿，上体右转，右脚向前滑动，左腿屈膝半蹲，成右虚步。同时，左拳变掌，从腰间沿右臂上方向前横掌削出，掌心向下，掌指向右，高与肩平；右掌回收经腰间随右臂屈肘上抬，掌心向下，掌指向前，高与肩平。目平视前方。（图15-44）

图 15-43　　　　　　　　　　　图 15-44

③右掌经右耳侧向下按掌，掌心向下，掌指向左；左掌由前向上横架于头左上方成架掌，掌心斜向上，掌指向右。同时，右腿直膝向右斜后方滑步伸直，成左弓步。目视前下方。（图 15-45）

要领：右脚前后滑动连贯快速，弓步与架掌、按掌上下协调一致。

图 15-45

第二段

第十九式 弓步架掌（右、左）

①接上势，身体右转，成右弓步。同时，右掌经腹前架于头右前上方，左掌变拳下落收抱于左腰间。（图 15-46）

②右脚外展，左脚向前上步，左腿屈膝前弓，成左弓步。同时，右掌变拳收抱于右腰间；左拳变掌经腹前向上摆，架于头左前上方，掌指向右。目平视前方。（图 15-47）

图 15-46　　　　　图 15-47

要领：转身弓步上架上下同时完成，右左架掌手臂圆撑有力。

第二十式 跪步栽拳

接上势，左脚上步，右脚跟步，重心前移至左脚，收右腿屈膝前蹲，成跪步，接近地面。同时，右拳由后向上从右耳侧向左斜下方栽拳，拳心向内，拳面向下；左掌收附于右肘内侧。目视右拳。（图 15-48）

图 15-48

要领：栽拳时身体稍前倾，拳向斜前下方，力达拳面；跪步右膝关节不能着地。

第二十一式　马步双封掌

接上势，重心上升，右脚抬起收回，随即身体右转，右脚向右侧滑步，左脚稍向右滑步，两腿屈膝下蹲，成马步。同时，右拳变掌，两掌外翻于胸前交叉，掌心向内，随转体两臂内旋向左右开掌，与肩同宽，掌心向前，虎口相对，两肘平屈，高与肩平。目平视前方。（图 15-49、图 15-50）

图 15-49　　　　图 15-50

要领：先收脚后滑步转体衔接紧凑，侧滑马步与封掌上下一致，封掌力达掌根。

第二十二式　转身并步推掌

①接上势，身体左转，上体向左下侧倾，上右步扣脚。同时，两掌随转体右上左下摆动。（图 15-51）

②身体继续左转，左掌由下向左前摆起，右掌收抱于右腰间。同时，左脚提起向右脚靠拢，两脚向后滑步下沉并步半蹲。右掌向右斜前方推出成立掌，掌指向上，小指一侧向前；左掌收附于右前臂内侧。目视右掌。（图 15-52、图 15-53）

要领：扣步、转体、滑步连贯顺活，后滑步与推掌同时完成。

图 15-51

图 15-52　　　　　图 15-53

第二十三式　马步挂拳

接上势，左脚抬起向左后方落步，身体左转，右脚稍向左滑动，两腿屈膝半蹲，成马步。同时，右掌变拳向左下方挂拳，停于裆前，拳心向内；左掌向左后打开再向前下落附于右前臂上。目视右拳。（图 15-54、图 15-55）

要领：滑步敏捷顺畅，马步与下挂拳上下一致，拳心向内。

图 15-54　　　　　　图 15-55

第二十四式　转身弓步架削掌

①接上势，右脚跟提起，身体稍左转。同时，右拳变掌，随转体由右下向左上撩掌，高不过肩；左掌附于右肘旁。（图 15-56）
②身体右转，右脚跟下震，右腿屈膝前弓，成右弓步。同时，右掌由左向上经面部横架于头右前上方，掌心斜向上，掌指向左；左掌由胸前横掌向前削出，掌心向下，掌指向右。目视前方。（图 15-57）

要领：转体、下震、架掌、削掌同时完成。

图 15-56　　　　　　　　图 15-57

第二十五式　扣腿砍掌

接上势，左臂外旋，左掌向右前方平砍，掌心向上，掌指向前，高与肩平；右掌变拳下落收抱于右腰间。同时，左腿屈膝前收，左脚扣于右腿腘窝处。目平视前方。（图 15-58）

要领：摆臂砍掌与扣腿同时完成，左掌外旋向左、向前平砍，力达小指一侧。

图 15-58

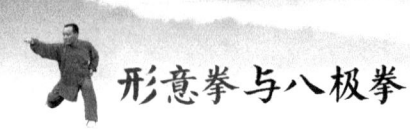

第二十六式　马步双插掌

接上势，身体左转，左掌收至腹前，右掌前伸，两掌心相对。随即左脚向左侧落步，右脚向左侧稍滑动，成马步。同时，两掌向左右两侧平伸插出，成立掌，拇指一侧向上。目视右掌。（图 15-59）

图 15-59

要领：滑步、马步、双插掌上下相随，协调一致，马步沉稳，插掌快速有力，力达指尖。

第二十七式　虚步撩掌

接上势，身体左转，左脚外展，重心移至左腿，右脚向前上步，成右虚步。同时，左掌向左侧画弧变拳收抱于左腰间；右掌经体侧向前撩，掌心向上，高与腹平。目视右掌。（图 15-60）

要领：以腰带臂，拧腰发力，力达掌心，撩掌与虚步同时完成。

图 15-60

第二十八式　退步半马步搓掌

接上势，右脚后滑一步，左脚稍向后滑动脚尖外展，身体右转，两腿屈膝半蹲，成半马步。同时，左拳变掌，从腰间经胸前沿右臂上方向前搓出成立掌，掌指向上，掌心向前，高与肩平；右掌变拳随右臂屈肘收抱于右腰间。目视左掌。（图 15-61、图 15-62）

要领：退步、转体连贯平稳，左掌内旋沿右臂上方快速搓出，力达掌根，半马步沉稳。

图 15-61 　　　　　　　　图 15-62

第二十九式　上步半马步搓掌

接上势，身体左转，左脚外展，左掌外旋变拳，左臂屈肘回收。随即右脚向前滑一步，两腿屈膝下蹲，成半马步，同时。右拳变掌，从右腰间经胸前沿左臂上方向前搓出成立掌，掌心向前，掌指向上，高与肩平；左拳收抱于左腰间。目视右掌。（图15-63—图15-65）

要领：先转体、上步，后马步、推掌连接紧凑，上下协调一致；右掌内旋沿左臂上方快速搓出，滑步成半马步沉稳。

图15-63　　　　　　　　图15-64

图15-65

第三十式　提膝刁手退步推掌（一）

接上势，右掌旋腕外拿变拳；身体右后转180°，提右膝后滑落步，左脚稍向后滑步，两腿屈膝半蹲，成半马步。同时，左拳变掌沿右臂上方向前推出成侧立掌，小指一侧向前，掌指向上；右拳收抱于右腰间。目视左掌。（图15-66、图15-67）

图15-66　　　　　　　　图15-67

要领：左掌沿右臂上搓出，退步成半马。右掌外旋刁拿快速灵巧。

第三十一式　提膝刁手退步推掌（二）

接上势，左掌旋腕外拿变拳，提左膝后滑落步，右脚向后滑动，成半马步。身体左转180°。同时，右拳变掌由胸前沿左臂上方向前推出成立掌，掌心向前，掌指向上；左拳收抱于腰间。目视右掌。（图15-68、图15-69）

要领：右掌顺身体左转之势沿左臂上方搓出；退步时重心下降，两脚后滑连贯灵活，半马步沉稳。

形意拳与八极拳

图 15-68

图 15-69

第三十二式　弓步架按掌

①接上势，身体左转，重心左移。同时，右掌外旋向左侧平摆至胸前，掌心向上。（图 15-70）

图 15-70

②重心移至左腿,右脚向前滑动,两腿屈膝半蹲,成右虚步。同时,左拳变掌,从腰间沿右臂上方向前横掌削出,掌心向下,掌指向右,高与肩平;右掌收于右腰间,掌心向下,掌指向前。目平视前方。(图 15-71)

③右掌屈臂上抬,向后、向上经右耳侧向下按掌,掌心向下,掌指向左;左掌由前向上横架于头左上方,掌心斜向上,掌指向右。同时,右腿直膝向右斜后方滑步伸直,成左弓步。目视前下方。(图 15-72)

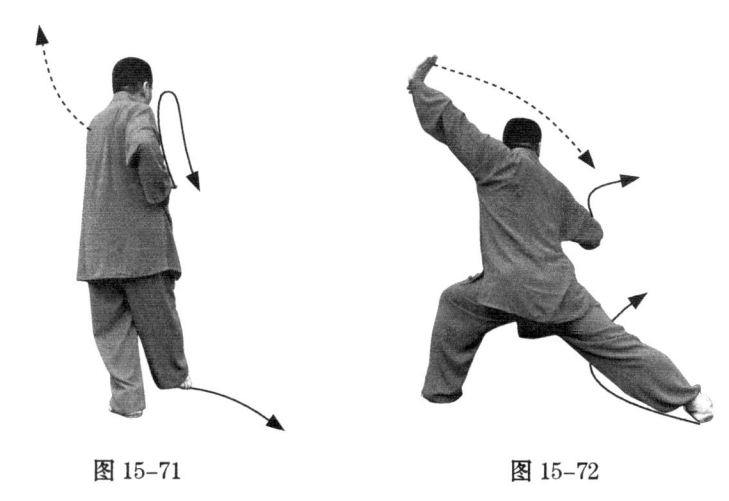

图 15-71　　　　　　图 15-72

要领:左削掌与虚步、右按掌与弓步上下协调一致;削掌与按掌方法清楚,力点明确,削掌力达掌沿,按掌力达掌心。

第三段

第三十三式　小缠半马步冲拳

①接上势,重心移至左腿,身体右转 90°,右腿屈膝上抬。同

形意拳与八极拳

时，右掌经胸前上摆向外旋腕抓握变拳；左掌下落，抓握右手腕部。（图15-73）

②两拳收至右腰间。同时，右脚下震，右腿屈膝下蹲；左脚迅速提起向前落步，两脚向前滑出，成半马步。身体继续右转90°。随即左拳从腰间向左侧冲出成立拳，拳眼向上，高与肩平；右拳收于右腰间。目视左拳。（图15-74、图15-75）

图 15-73

图 15-74   图 15-75

要领：右拳要顺身体右转之势外旋缠腕，要用螺旋劲；震脚时重心下降，要沉坠发力；半马步与冲拳上下一致，同时完成。

第三十四式　退步劈拳

接上势，身体左后转180°，左脚后退一步，成半马步。同时，右拳由后向上随转体向右下抡劈拳，拳眼向上，高与肩平；左拳向下随左臂屈肘收抱于左腰间。目视右拳。（图15-76、图15-77）

图 15-76 　　　　　　　　图 15-77

要领：转身、退步与劈拳协调一致，抡臂贴身立圆，劈拳力达拳轮。

第三十五式　挑（挂）臂纵跳弹踢腿

接上势，重心左移，右拳向下经腹前向左上挑臂，右腿屈膝上抬。随即身体右转90°，右拳经右侧收抱于右腰间。同时，左脚蹬地向上跳起，腾空后左腿迅速向左前下方弹出，脚面绷紧；右脚落地支撑。目平视前方。（图15-78、图15-79）

要领：拧腰挂臂，左腿弹踢在空中完成，右脚先落地。

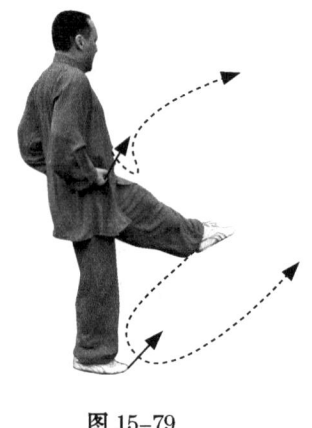

图 15-78　　　　　　　　　图 15-79

第三十六式　半马步反砸拳

接上势，身体稍右转，左脚收于右踝内侧。同时，两臂在腹前交叉，左臂在外，拳心向下。随即左脚向左斜前方上一步，右脚向左侧稍滑动，成半马步。左拳经腹前由右向左画弧，反臂下砸，拳心向上，高与头平；右拳停于腹前，拳心向下。头随左拳转动，目视左拳。（图 15-80）

要领：滑步成半马步沉稳，以腰带动左臂外旋反臂下砸，力达拳背。

图 15-80

第三十七式　转身并步按掌栽拳

接上势，身体左转，重心右移。左脚外展，上右步扣脚，抬左脚收靠于右踝内侧，落左脚时两脚向后滑动并步，两腿屈膝半蹲。同时，左拳变掌，经左侧向下按掌；右拳向后、向上随右臂屈臂抬至右耳侧，从右耳侧向前斜下方栽拳，拳心向内；左掌回收扶按于右前臂内侧。目视右拳。（图15-81—图15-83）

图 15-81

图 15-82

图 15-83

要领：上步右脚内扣与收左脚两脚滑步连贯紧凑；拳由耳侧下栽，后滑与下栽拳一致，力达拳面。

第三十八式　搂手弹踢腿

接上势，左掌向上、向左外旋搂手变拳收抱于腰间。同时，重心移至左腿，左腿微屈；右腿向右斜前方弹出，脚面绷紧，高不过膝。目视右斜前下方。（图15-84、图15-85）

要领：上体不动，先搂手后低弹腿，力达脚尖。

图 15-84 　　　　　　　　图 15-85

第三十九式　半马步反砸拳

接上势，两臂腹前交叉，右臂在外，拳心向内。右脚收贴于左脚踝关节内侧，随即右脚向右前方迈出，左脚稍向前滑步，成半马步。同时，右拳由腹前向左、向上再向右侧反臂下砸拳，高与眉齐，拳心向上；左拳停于右肘下方；目视右拳。（图15-86、图15-87）

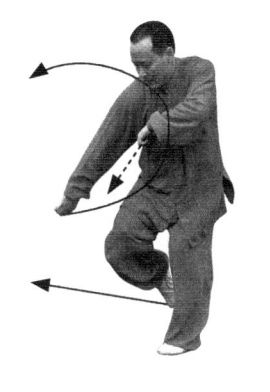

图 15-86　　　　　　　　　图 15-87

要领：滑步轻灵快速，半马步沉稳，以腰带动右臂外旋反臂下砸，力达拳背。

第四十式　弓步盘肘冲拳

①接上势，身体稍左转，重心左移，右脚跟提起。同时，右臂内旋向左斜前方横摆，左拳收于左腰间。（图 15-88）

图 15-88

②身体右转，重心右移，右脚跟下震，右腿屈膝前弓，成右弓步。同时，左拳由腰间经胸前沿右臂内侧向前冲出成平拳，拳心向下，高与肩平；右臂屈肘向后平顶肘，肘与肩平，右拳停于右肩前，拳心向下。目平视前方。（图 15-89）

要领：右脚快速用力下震；左拳拧腰顺肩，身体沉坠发劲；右臂平屈，肘尖向后猛力顶出。

图 15-89

第四十一式　虚步砍掌

接上势，身体稍右转，重心移至左腿，右脚向前半步，成右虚步。同时，左拳变掌翻腕由左侧向右、向前平砍，掌心向上，掌指向前；右拳下落收抱于右腰间。目视左掌。（图 15-90）

图 15-90

要领：左臂外旋向前砍掌，力达掌根，虚步与砍掌上下协调一致，同时完成。

第四十二式　马步双插掌

接上势，身体左转。左掌收至腹前，右拳变掌由腰间收至腹前，两掌根相对，掌心斜向前。随即右脚向右滑一步，左脚随右脚滑动，成马步。同时，两掌从腹前向左右两侧平伸插出成侧立掌，掌心向前，掌指向左右。目视右掌。（图15-91、图15-92）

图15-91　　　　　　　　图15-92

要领：滑步轻灵快捷，马步沉稳，双插掌力达掌指，上下动作协调一致。

第四十三式　小缠勾踢腿

接上势，左脚外展，身体左转，重心移至左腿，勾右脚、直腿擦地向左前下方踢起，脚尖高不过左膝。同时，右掌变拳先上摆再向下经腹前随转体向上挑臂；左掌下落抓握右腕，右拳外旋腕抓握，拳心向上。目视右拳。（图15-93、图15-94）

要领：缠腕要用螺旋劲，缠腕与勾踢同时完成。

图 15-93　　　　　　　　　　图 15-94

第四十四式　震脚弓步冲拳

接上势，身体右转，右脚向下震脚，两手收至腰间，随即身体左转，左脚迅速提起向前上步，左腿屈膝前弓，成左弓步。同时，右拳再向前平冲，拳心向下；左手抓握右腕部不动。目视前方。（图 15-95、图 15-96）

图 15-95　　　　　　　　　　图 15-96

要领：震脚时重心下降，弓步与冲拳手到脚到；拧腰、转胯、蹬腿，以腰带臂前冲，力达拳面。

第四十五式　转身虚步挑亮掌

接上势，身体右后转 180°。左脚内扣，重心移至左腿，收右脚，成右虚步。同时，右拳变掌向下经腹前向右侧摆拍击右大腿，再向上挑成立掌，掌心向前，掌指向上，高与肩平；左掌向下拍击左腿后向左、向上绕至头左前上方成亮掌，掌指向右，掌心斜向上。目视右掌。（图 15-97、图 15-98）

图 15-97 　　　　　　　　　图 15-98

要领：两臂放松下摆，两掌背拍击大腿；挑亮掌与虚步同时完成，摆头目视右掌。

第四十六式　小缠勾踢腿

接上势，身体右转，重心移至右腿。右腿尖外展，勾左脚、直腿擦地向右斜前下方踢起,高不过右膝。同时,左掌下落经腹前再向上摆,外旋抓握;右掌下落抓握左腕部,左掌变拳收抱于胸前,拳心向下。目视左前方。(图 15-99、图 15-100)

要领：小缠与勾踢要同时完成,旋转发力,左脚尖高不过右膝。

图 15-99

图 15-100

第四十七式　震脚弓步冲拳

接上势,左脚下震,身体左转,两手收至腰间。随即身体右转,右脚迅速提起向前上一步,右腿屈膝前弓,成右弓步。同时,左拳向前平伸冲出成平拳,拳心向下,高与肩平;右手抓握左腕部不动。目视前方。(图 15-101、图 15-102)

要领：震脚时重心下降,弓步与冲拳手到脚到;拧腰、转胯、蹬腿,以腰带臂前冲,力达拳面。

图 15-101　　　　　　　　图 15-102

第四十八式　上步提膝钩手推掌

①接上势，左拳经右臂内侧由下向上翻腕经胸前交叉至头前上方，左拳变掌，掌心向内。（图 15-103）

图 15-103

②重心移至右腿，左腿向前提膝。随即右脚垫步，左脚向前落地，左腿屈膝前弓，成左弓步。同时，两掌由前上向下摆至体侧，左掌顺势变钩手于左侧平摆，钩尖向下；右掌经右腰间向前推出成立掌，掌指向上，掌心向前，高与肩平。目视右掌。（图15-104、图15-105）

要领：先翻腕后提膝，钩手、推掌与弓步上下相随同时完成。

图 15-104　　　　　　　　图 15-105

第四十九式　扣腿转身马步钩手侧挑

①接上势，重心前移至左腿，收右脚，脚背扣于左腿腘窝处。同时，右掌变钩手；左钩手变掌，收至右肩旁，掌心向内。（图15-106）

②身体右转90°，右脚向右侧落步，两腿屈膝下蹲，成马步。同时，右手下落经腹前向右侧直臂上挑，钩尖向下，高与肩平；左掌下落经腹前向右上方摆停于右臂内侧，掌心向右。目视右钩手。（图15-107）

图 15-106　　　　　　　　图 15-107

要领：先扣腿，再腰带臂，快速迅猛向后勾手侧挑，力达钩顶，马步沉稳。

第五十式　刁手弓步削掌

接上势，身体右转，重心右移，右腿屈膝前弓，成右弓步。同时，右钩手变掌外旋抓握变拳，随右臂屈肘收抱于右腰间；左掌沿右臂上方向前横掌削出，掌心向下，掌指向右，高与肩平。目平视前方。（图 15-108、图 15-109）

图 15-108　　　　　　　　图 15-109

要领：先刁手后削掌，削掌时左手于右臂上方向前削出，力达掌沿。

第五十一式　刁手弓步削掌

接上势，左掌旋腕抓握变拳，收抱于左腰间；右拳变掌从胸前沿左臂上方向前横掌削出，高与肩平，掌指向左，掌心向下。同时，右脚向后退一步，成左弓步。目平视前方。（图15-110）

图15-110

要领：先刁手、后削掌再退步，动作连贯紧凑，一气呵成。

第五十二式　并步半蹲栽拳顶肘

接上势，身体右转。右掌向上变拳再从右肩处旋臂向右侧斜下方栽拳，拳心向后；同时，左脚向右脚靠拢，侧滑并步半蹲，左拳向上随左臂屈肘向左上顶肘，拳停于左肩上方，拳心向上。目视左前方。（图15-111、图15-112）

要领：并步与顶肘、栽拳上下一致。

十五、八极拳套路图解

图 15-111

图 15-112

第五十三式　转身并步对拳

接上势,左脚上前一步,收右脚并立。同时,两拳经体侧画弧至腹前相对,相距约一拳,拳心向下。目向前平视。(图 15-113)

要领:并步,顶头,竖项,挺胸,立腰,收臀,并腿。

图 15-113

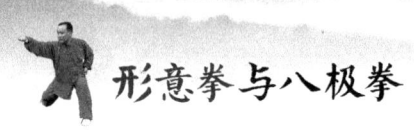

收 势

身体转正,两脚并立成立正姿势。同时,两拳变掌下落紧贴两腿侧。目视正前方。(图 15-114)

图 15-114

十六、八极拳套路动作连续演示图

图 15-1 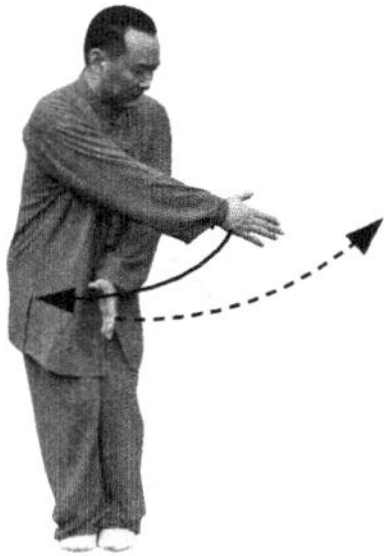　图 15-2 　图 15-3 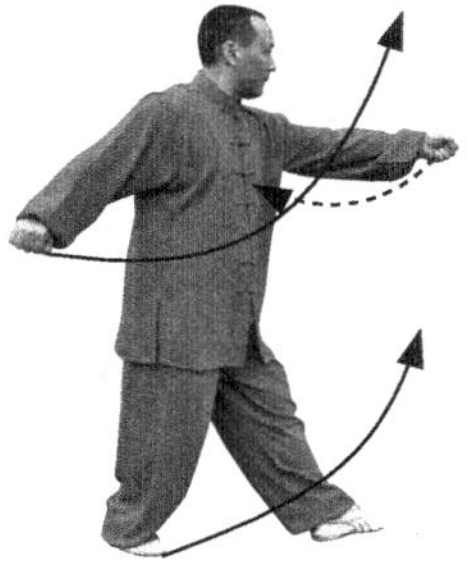　图 15-4

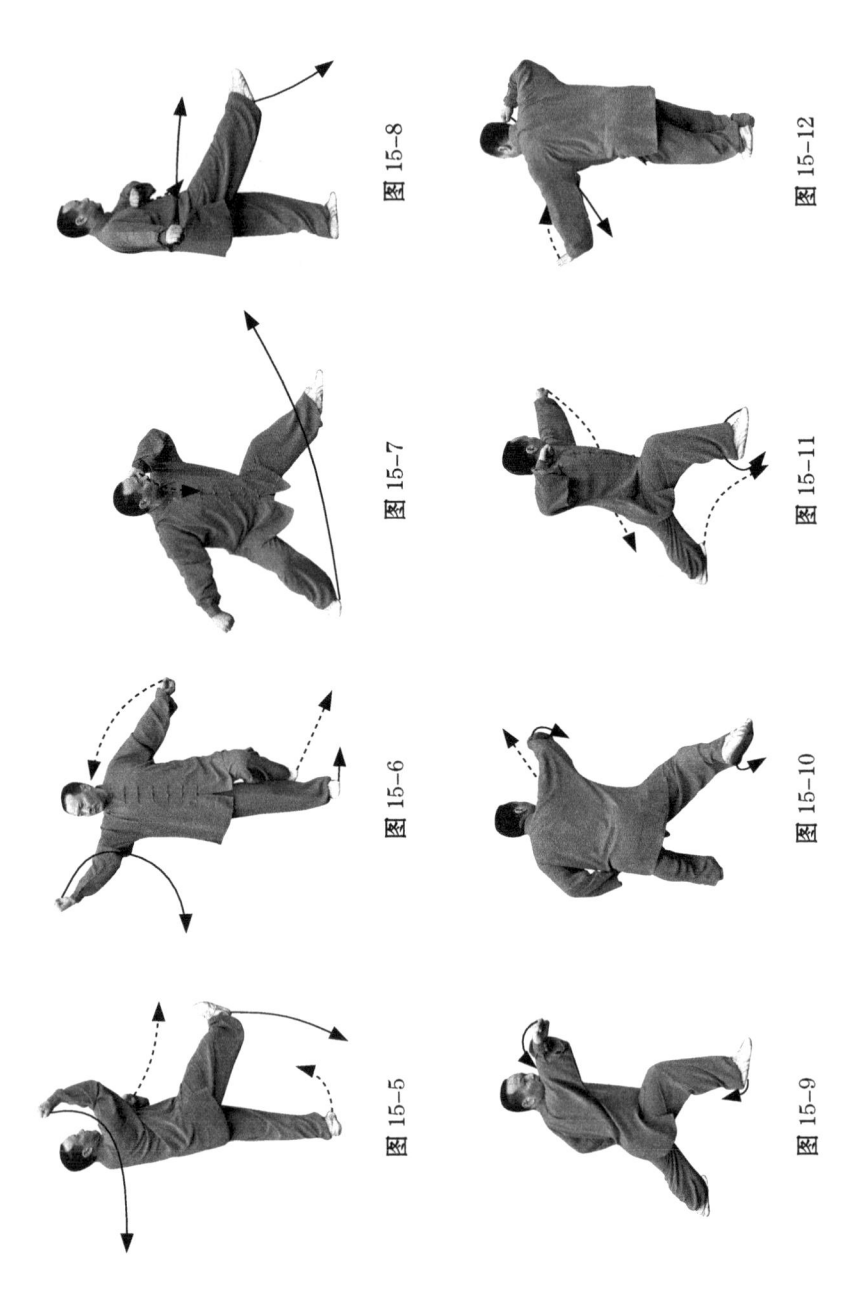

形意拳与八极拳

图 15-5　　图 15-6　　图 15-7　　图 15-8

图 15-9　　图 15-10　　图 15-11　　图 15-12

294

十六、八极拳套路动作连续演示图

图 15-13　图 15-14　图 15-15　图 15-16

图 15-17　图 15-18　图 15-19　图 15-20

形意拳与八极拳

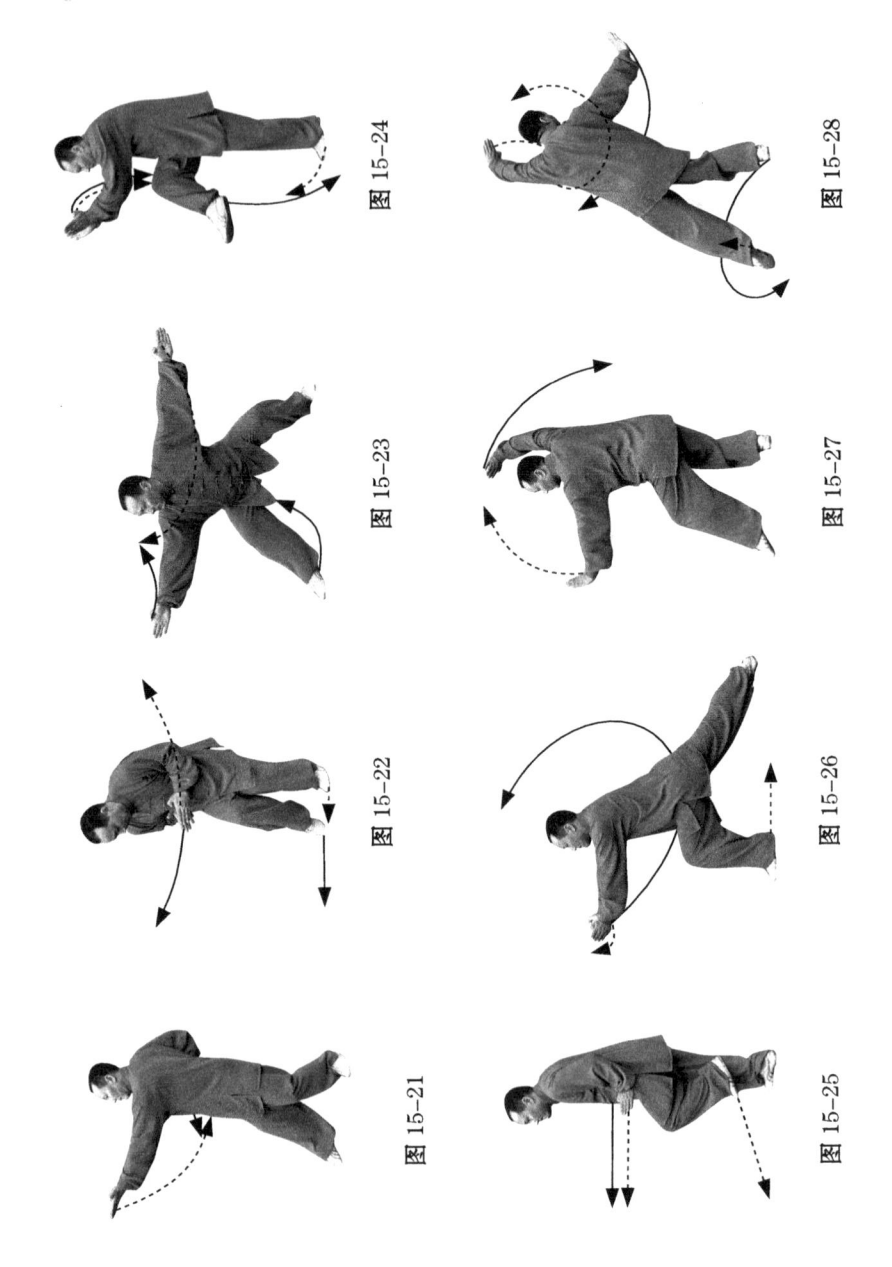

图 15-24

图 15-28

图 15-23

图 15-27

图 15-22

图 15-26

图 15-21

图 15-25

296

十六、八极拳套路动作连续演示图

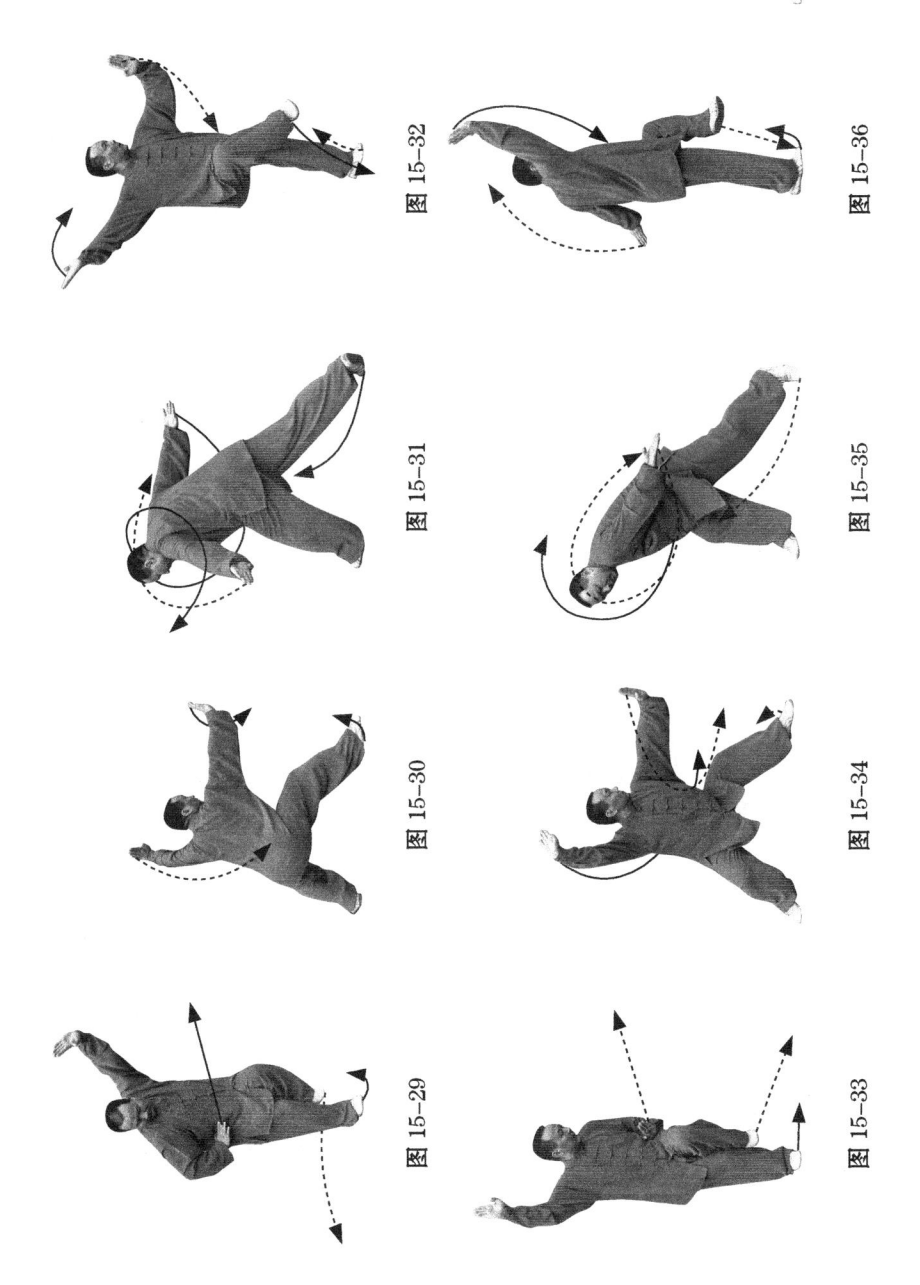

图 15-29　图 15-30　图 15-31　图 15-32

图 15-33　图 15-34　图 15-35　图 15-36

297

形意拳与八极拳

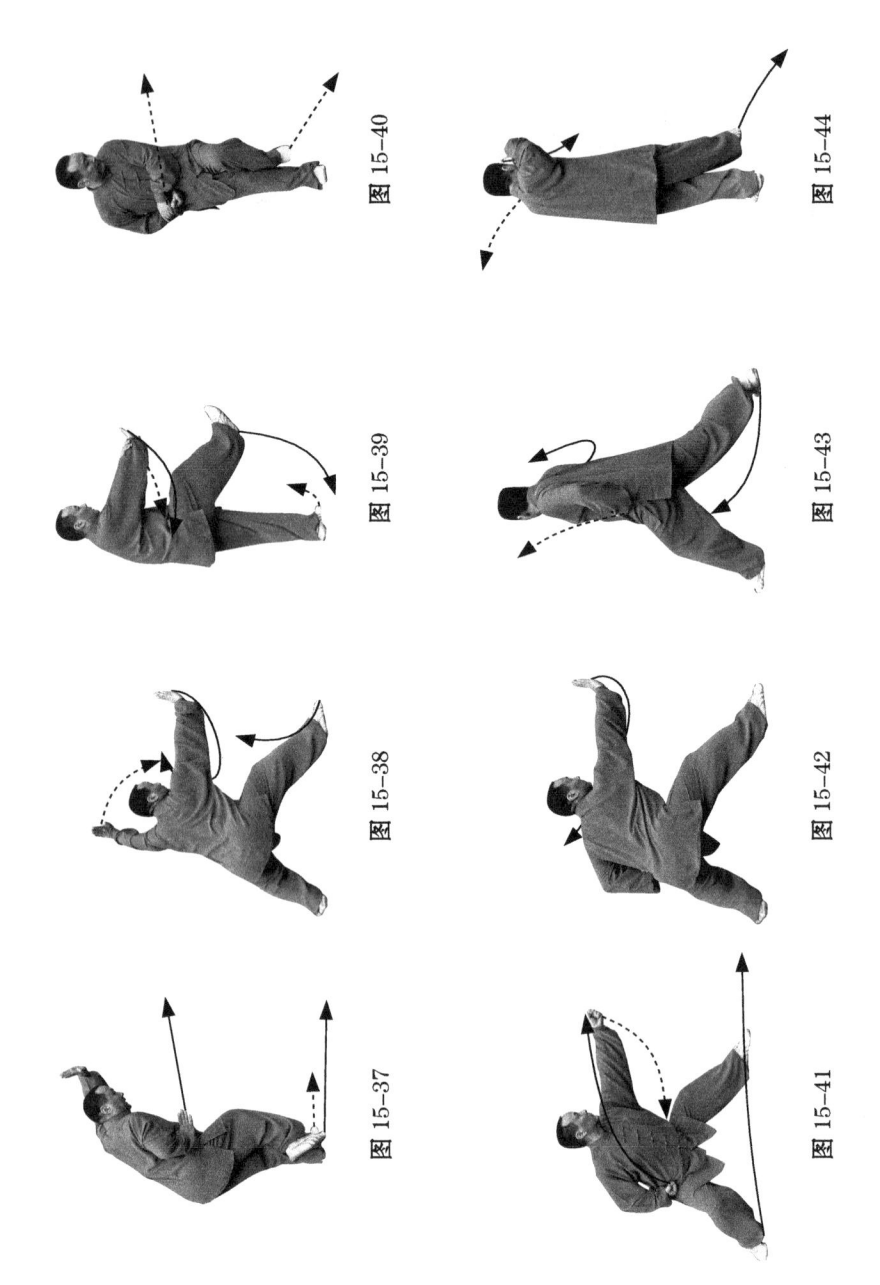

图 15-37
图 15-38
图 15-39
图 15-40
图 15-41
图 15-42
图 15-43
图 15-44

298

十六、八极拳套路动作连续演示图

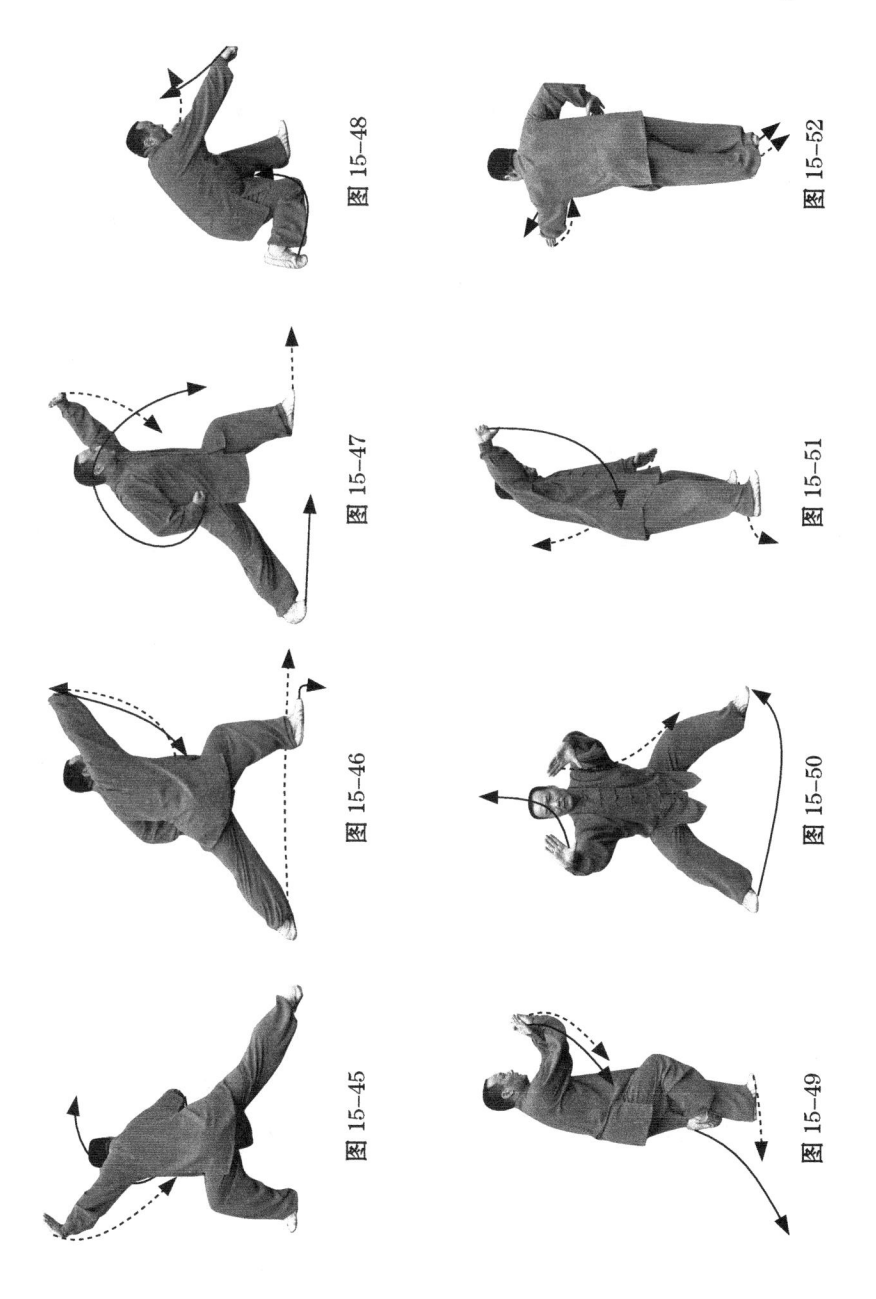

图 15-45
图 15-46
图 15-47
图 15-48
图 15-49
图 15-50
图 15-51
图 15-52

299

形意拳与八极拳

图 15-56

图 15-55

图 15-54

图 15-53

图 15-60

图 15-59

图 15-58

图 15-57

300

十六、八极拳套路动作连续演示图

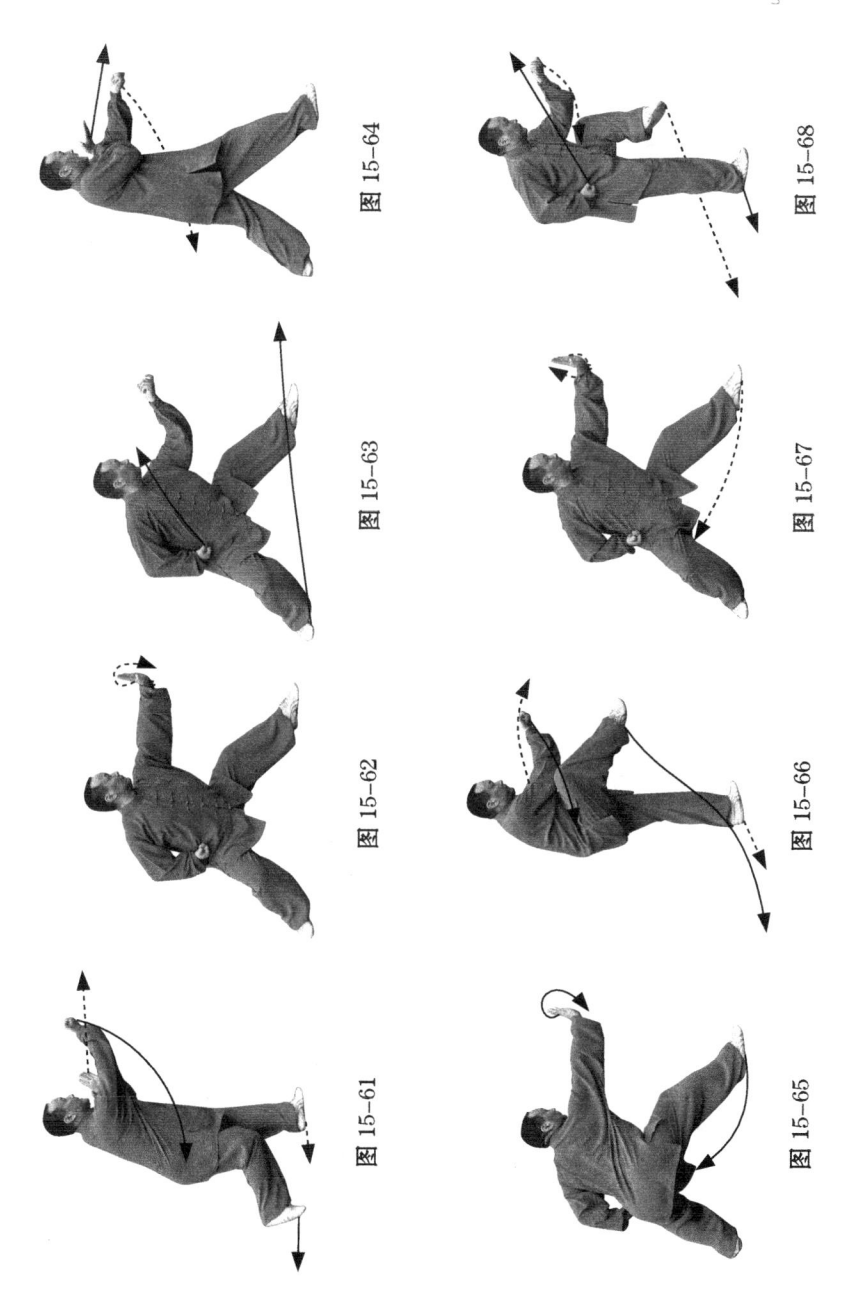

图 15-61　图 15-62　图 15-63　图 15-64

图 15-65　图 15-66　图 15-67　图 15-68

301

形意拳与八极拳

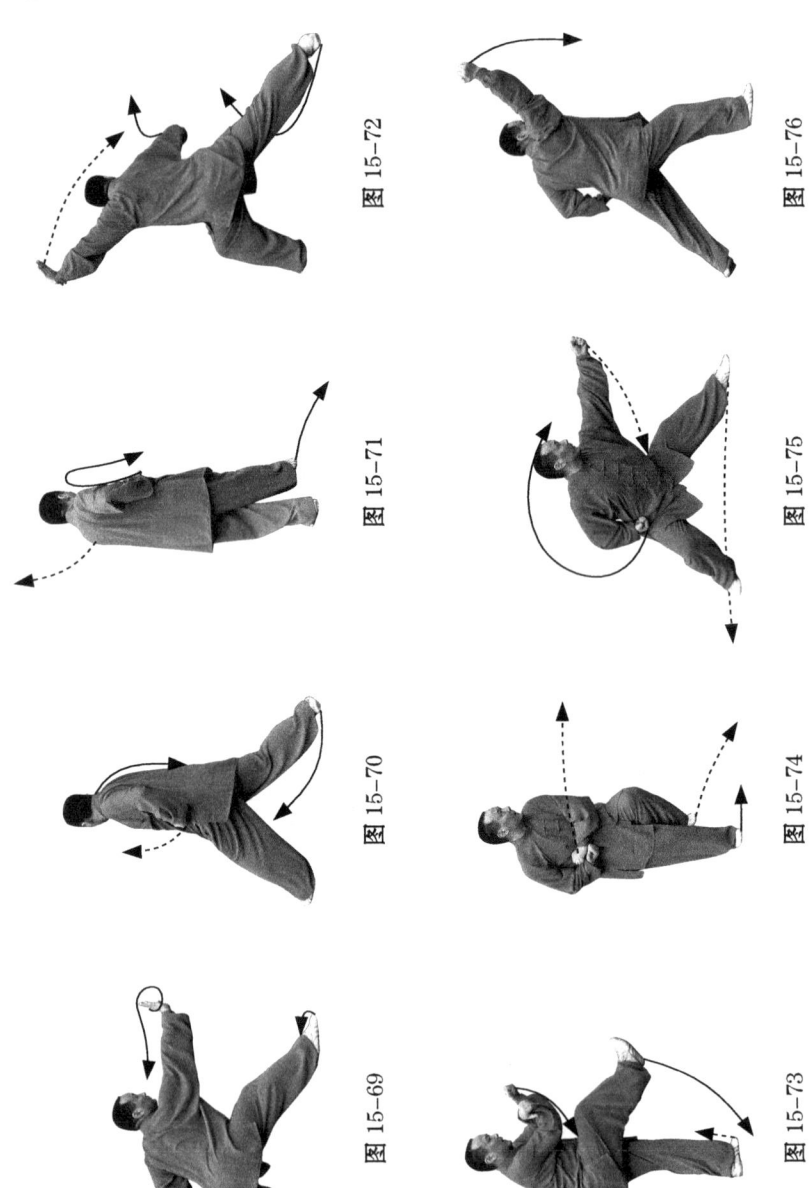

图 15-69　图 15-70　图 15-71　图 15-72

图 15-73　图 15-74　图 15-75　图 15-76

302

十六、八极拳套路动作连续演示图

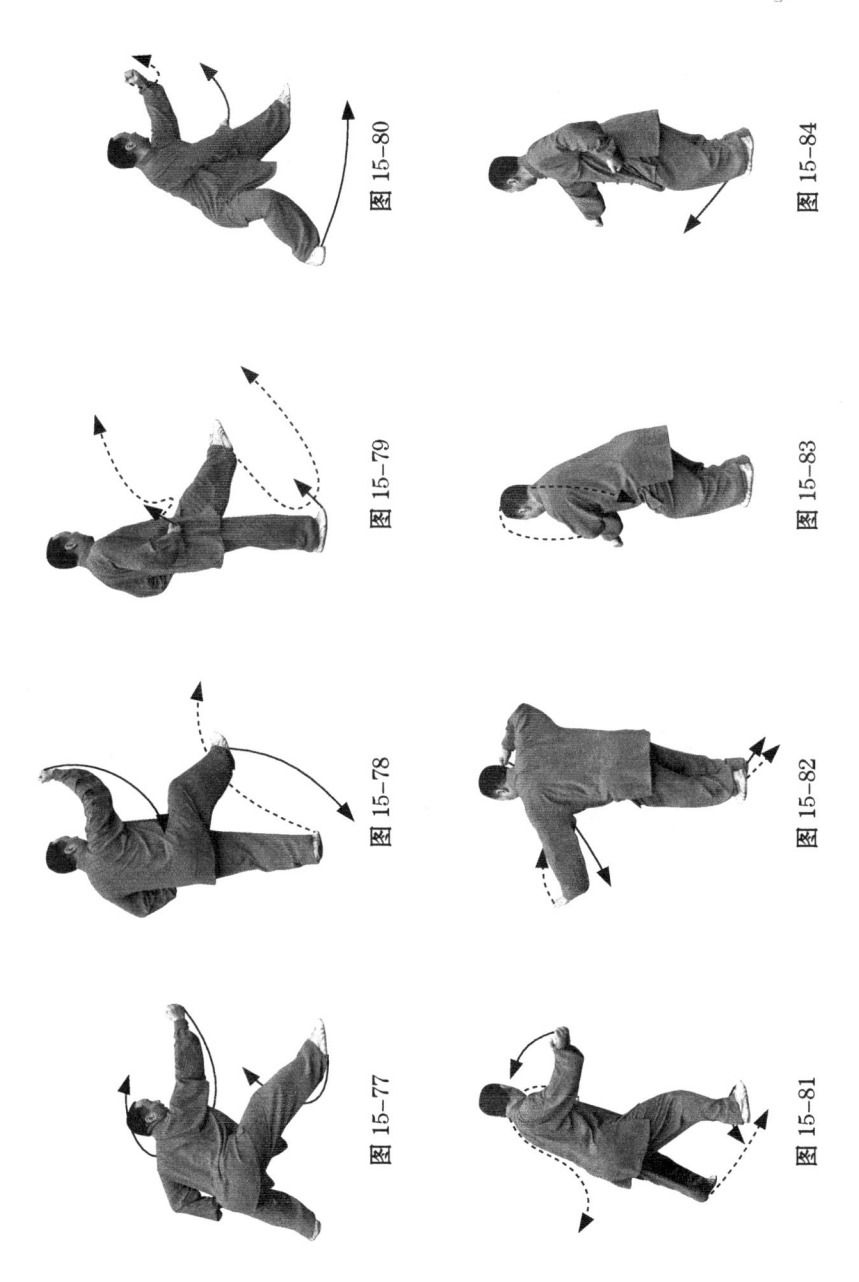

图 15-80
图 15-79
图 15-78
图 15-77
图 15-84
图 15-83
图 15-82
图 15-81

形意拳与八极拳

图 15-85　图 15-86　图 15-87　图 15-88

图 15-89　图 15-90　图 15-91　图 15-92

304

十六、八极拳套路动作连续演示图

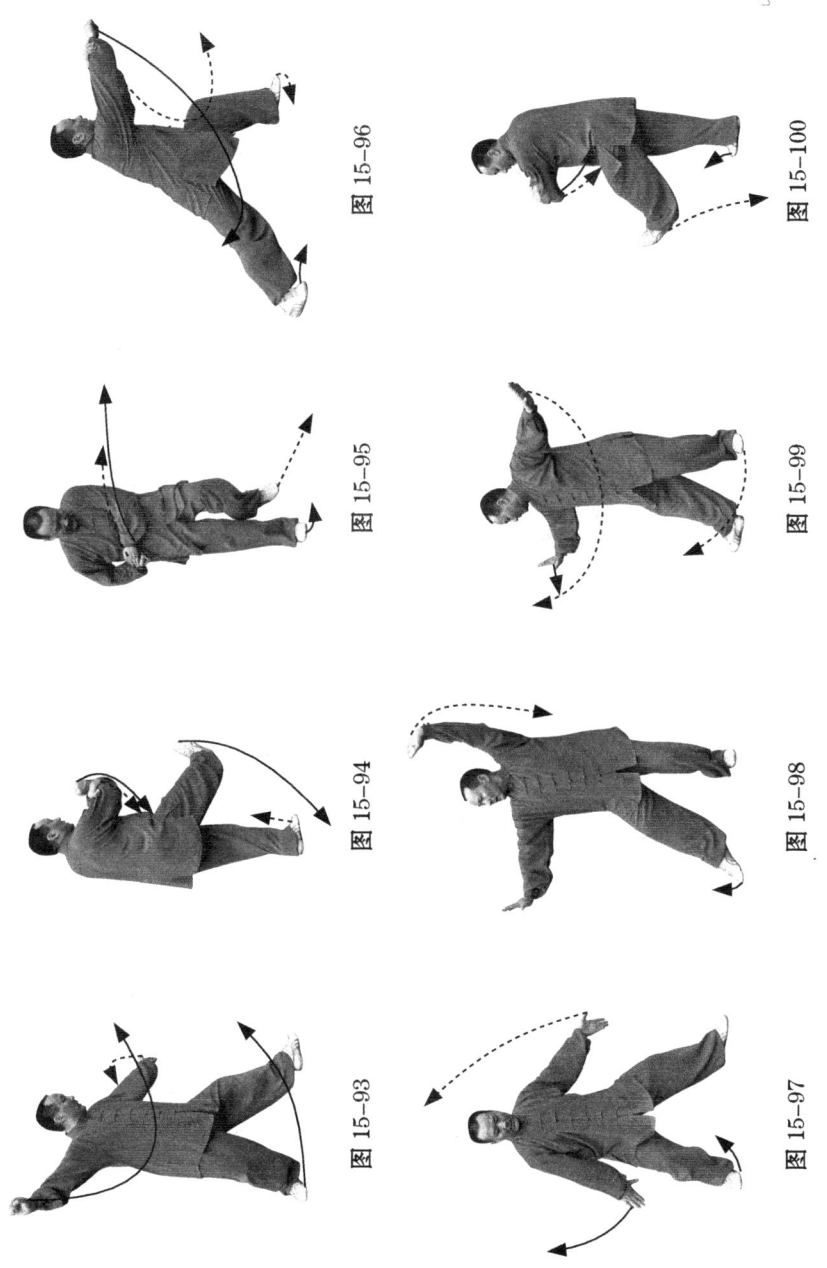

图 15-93
图 15-94
图 15-95
图 15-96
图 15-97
图 15-98
图 15-99
图 15-100

305

形意拳与八极拳

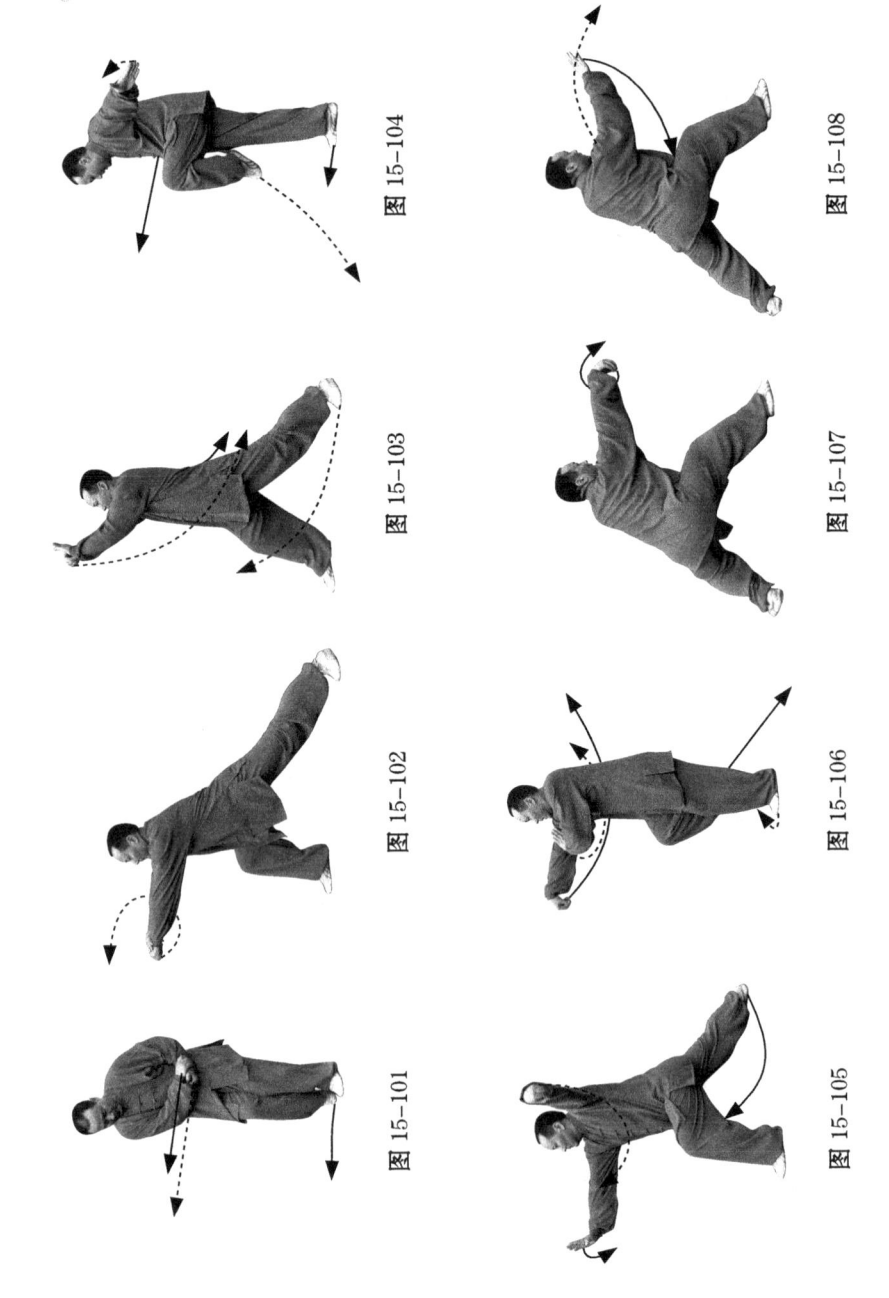

图 15-104

图 15-103

图 15-102

图 15-101

图 15-108

图 15-107

图 15-106

图 15-105

十六、八极拳套路动作连续演示图

图 15-109

图 15-110

图 15-111

图 15-112

图 15-113

图 15-114

307

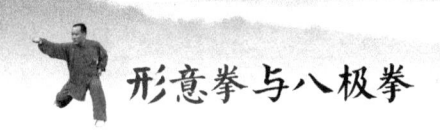

十七、八极拳攻防用法例解

1. 并步半蹲挑拳

甲、乙双方正面对峙（甲，穿深色服装年长者；乙，穿浅色服装年轻者）。乙用直拳攻击甲面部；甲顺势右转屈膝半蹲，躲过乙直拳，随之左拳由腹前向左下直臂上挑成立拳击打乙裆部，同时右拳回收贴于腹前防守。（图17-1、图17-2）

要求：躲闪迅速，击打部位准确。

图17-1

图17-2

十七、八极拳攻防用法例解

2. 上步勾踢震脚顶肘

（1）上步挑拳勾踢

乙右手抓握甲左前臂；甲身体随即左转，左脚向乙右脚外侧上步，重心快速前移至左腿，右脚贴地由下向上勾踢乙支撑腿，高不过膝，同时左手外旋抓握乙右手腕部，右拳顺势向乙腋下上挑，身体右转闪身挺腰发力；乙倒地。（图17-3—图17-6）

要求：以腰为轴带动全身，挑拳踢腿同时完成。

图17-3 　　　　　　　　图17-4

图17-5 　　　　　　　　图17-6

形意拳与八极拳

(2) 震脚半马步栽拳顶肘

乙右手抓握甲左前臂；甲身体左转，左臂上抬，右臂由下向上格开乙右臂，左脚顺势向乙两脚间上步，右脚稍向左侧滑动成半马步，左臂下落屈肘上抬顶肘，击打乙胸部。（图17-7—图17-10）

要求：滑步顶肘动作连贯快速，力达肘尖。

图17-7

图17-8

图17-9

图17-10

3. 弓步贯拳

乙上右步，用右直拳攻击甲面部；甲左手经面部向右侧格开，身体随即左转，右脚迅速上步，取势于乙右腿外侧，随即回勾乙右腿，右拳逆时针画弧直臂横击，右腿勾挂后成弓步；乙仰面倒地。（图 17-11—图 17-14）

要求：前臂内旋用力，格挡及时，上步迅捷准确，右腿猛力向回勾挂与右臂直摆横击上下协同迅猛发力。

图 17-11

图 17-12

图 17-13

图 17-14

4. 盘肘冲拳

乙用直拳攻击甲面部；甲身体稍向左转，重心左移，右脚跟提起，同时右臂向左斜前方抬起由上向右下画弧挂开乙直拳，重心下沉，左拳顺势向乙胸部攻击。（图17-15—图17-17）

要求：挂挡及时，以腰催力，力达拳面。

图 17-15

图 17-16

图 17-17

5. 转身并步按掌栽拳

乙由甲身体左侧，以左低踹腿攻击甲膝关节外侧；甲身体左转，重心移至右腿，同时收左脚两脚一齐后滑并步半蹲，左掌随转体下按，右拳向前下方栽拳击打乙左腿胫骨，左掌收附于右臂内侧做防守。（图 17-18—图 17-20）

要求：转身收脚退回及时，左掌、右拳击打迅猛连贯。

图 17-18

图 17-19

图 17-20

6. 搂手弹踢腿半马步反砸拳

（1）乙以右贯拳攻击甲面部；甲左手向上搂手抓握乙右臂，同时重心移至左脚，右脚绷紧脚面向乙裆部弹踢。（图 17-21、图 17-22）

图 17-21 　　　　　　　　　图 17-22

十七、八极拳攻防用法例解

(2) 甲右脚顺势下落成半马步，左手向后下方直拉乙右臂，同时右拳由下向上经面部反臂下砸乙面部，拳心向上。（图17-23、图17-24）

要求：搂手及时，弹踢力达脚背，反砸拳以腰带臂迅猛发力。

图 17-23

图 17-24

7. 虚步砍掌马步双插掌

(1) 甲主动进攻，右脚上步成虚步，左掌由左向右横击乙颈部，掌心斜向上，同时右拳抱于右侧腰做防守。（图17-25）

②甲身体左转，两手收至腹前变掌，掌根相对，掌心斜向前，随即右脚向右侧迈出，左脚稍向右侧滑动成马步，同时两掌从腹前向左右两侧插出，右掌直击乙腹部，左掌做防守。（图17-26）

要求：以腰带臂砍掌，击打部位准确。马步插掌拧腰顺肩，力达指尖，猛力攻击腹部或胸部。

315

图 17-25　　　　　　　　　　　图 17-26

8. 提膝掩肘震脚弓步双推掌

用法：乙用右直拳进攻甲面部；甲重心移至左腿，右脚抬起，两臂上抬，两肘于面前外旋掩肘，格开乙右拳，同时右脚后落，两肘向右后顺力挂拉其来拳于体侧。随即甲左脚向前迈出成左弓步，两掌由腰间向乙腹部推击。（图 17-27—图 17-29）

要求：掩肘格挡及时，挂拉到位，弓步推掌迅猛，力达掌根。

图 17-27

十七、八极拳攻防用法例解

图 17-28

图 17-29

9. 翻身震脚马步架推掌（鹞子翻身）

用法：乙从甲后方经两臂外侧抱住甲；随之甲两臂由下向上侧平举，重心移至左脚，右脚前移，身体向左侧倾，左臂下落，右臂上抬，身体向左侧翻转，右脚下震，左脚抬起，以右脚为轴身体继续左转，两臂随之成立圆转动，甲左脚向左侧落步，右脚稍向左侧滑步成马步，同时左掌经左侧画弧至头顶成架掌，掌心向上，右掌于腰间向乙腹部推出，小指侧向外。（图 17-30—图 17-34）

要求：抬臂翻身推掌配合连贯，一气呵成。

317

形意拳与八极拳

图 17-30

图 17-31

图 17-32

图 17-33

图 17-34

318

十七、八极拳攻防用法例解

10. 抡臂转身震脚马步架推掌（大缠一）

用法：甲右侧身向乙站立，乙以右直拳攻击甲；甲右手由下向右上沿乙右臂外侧缠握其手腕，甲重心左移，右脚抬起，身体右转，右手顺势向右后直拉乙右臂，左手由上向下按乙右腕部辅助右手向后发力，同时右脚向右后下落，致使乙重心前倾，甲左脚顺势向前迈出，左掌由腹前向乙胸部推击，右手架于头上方。（图 17-35—图 17-38）

要求：缠握部位准确，以腰带臂螺旋发力。

图 17-35

图 17-36

图 17-37   图 17-38

11. 小缠半马步冲拳

用法：乙右手握住甲右手腕部；甲右手上抬，左手紧扣乙右手虎口，右手顺势沿乙右腕外侧向其内旋腕扣压，手臂稍向右后回拉，右腿向前直蹬乙膝关节，随即甲右脚落地，左脚顺势向前上步，左掌变拳由腰间向乙面部冲出，右掌变拳收于腰间做防守。（图 17-39—图 17-42）

图 17-39

十七、八极拳攻防用法例解

图 17-40

图 17-41

图 17-42

要求：缠腕要用螺旋劲，扣腕下压时须降重心，右脚迅猛蹬击膝关节，上下一致，左拳直击对方面门。

12. 上步半马步推掌

用法：甲主动进攻乙，甲身体左转，右脚上步，右掌由腰间向乙胸部推击，左拳收于腰间做防守。（图17-43、图17-44）

要求：上步与推掌同时，力达掌根。

图 17-43

图 17-44

13. 弓步架按掌

用法：乙以左手抓按甲右肩部；甲身体右转，左手由下向右上抓握乙左腕部，掌心向上，虎口向前，随即手臂内旋扣腕向左下直拉，左脚向右后侧插步落于乙左腿外侧，右腿向后勾撩乙左腿，同时右手由后向前推击乙背部，重心前压，形成交叉，使乙重心前倾。（图17-45—图17-48）

要领：动作连贯，上下协调，及时配合。

图 17-45

图 17-46

图 17-47

图 17-48

14. 右、左弓步架掌跪步栽拳

用法：乙用右手盖拳进攻甲头部；甲随即上左步，左手由下而上架于头上方，格挡其来拳，随即左脚向前垫步，右拳顺势由耳侧向乙腹部下栽拳，拳面向前。（图17-49—图17-51）

要求：架掌及时，垫步栽拳配合协调，快速迅猛，力达拳面。

图 17-49  图 17-50

图 17-51

15. 马步双封掌

用法：乙方以右贯拳进攻甲；甲顺势向右滑步，同时双手变掌向乙右臂内侧格出，虎口相对，掌心向前。（图17-52）

要求：滑步封掌及时准确。

图 17-52

16. 马步挂拳转身弓步架削掌

用法：乙以右边腿攻击甲裆部；甲重心下沉成马步，右手变拳由左下向上画弧挂开乙右腿，左掌抚于右腋处做防守；随即乙落右腿、上左步，以右拳攻击甲面部；甲右臂顺势经面部向上格开乙右拳，左掌向其胸前横掌削出，掌小指外侧向前，掌指向右。（图17-53—图17-55）

图 17-53

图 17-54 　　　　　　　　　　　　图 17-55

要求：拧腰挂拳力达右臂，上格下削配合协调。

17. 虚步撩掌退步半马步搓掌

用法：甲主动进攻，上左步，右手由下向上撩抓乙裆部，左拳抱于腰间，随即身体右转，右脚向后撤步，右手顺势向后拉扯，左手向乙胸口按压，使其身体后倾失重。（图 17-56、图 17-57）

要求：上步撩掌同时完成，上按下拉交叉用力。

图 17-56 　　　　　　　　　　　　图 17-57

18. 刁手退步推掌

用法：甲主动进攻乙，甲上左步推左掌攻击乙胸部；乙右手由下向左上画弧，经甲左臂外侧旋腕外拿其手腕；甲顺势旋腕反拿乙右手腕，手臂外旋下拉，迫使乙身体前倾，随即顺势稍撤右步，身体右转，重心移至右脚，左掌向乙肩部按压，使其不能翻身。（图17-58—图17-62）

要求：先刁手、后撤步，外拿下压动作准确到位。

图 17-58

图 17-59

形意拳与八极拳

图 17-60

图 17-61

图 17-62

19. 挑（挂）臂纵跳弹踢腿

用法：乙上左步以左贯拳攻击甲头部；甲重心移至左腿，右腿提膝防守，同时右拳由下向上经面部外格乙左拳，随后右脚下落，左脚由下向上弹踢乙裆部。（图17-63、图17-64）

要领：挂臂防守与弹踢进攻连贯、到位。

图 17-63

图 17-64

20. 小缠勾踢腿

用法：乙上左步以左拳攻击甲胸部；甲以左手由上而下抓握乙手腕部，右手由乙左臂下方向上屈肘外旋缠握乙前臂，向右后拉其左臂，随即重心移至左脚，右脚顺势向乙左踝外侧低摆勾踢，提重心发力，乙失重倒地。（图 17-65—图 17-68）

要求：缠、拉、勾踢一气呵成。

图 17-65

图 17-66

十七、八极拳攻防用法例解

图 17-67

图 17-68

21. 上步提膝推掌

用法：乙试图进攻甲；甲上步控制乙手腕，随即腿向前提膝撞击乙腹部，右掌推击其胸部。（图 17-69—图 17-71）

要求：扣腕、撞膝、推掌协调一致。

形意拳与八极拳

图 17-69

图 17-70

图 17-71

332

22. 刁手弓步削掌

用法：甲右手腕被乙右手握住；甲右手上抬沿乙右臂外侧旋腕外拿其右臂，并顺势向右后直拉，左手向乙颈部削掌，掌小指侧向前，力达掌侧。（图17-72—图17-74）

要求：缠腕、刁手、扯拉顺势完成，削击迅猛、部位准确。

图 17-72

图 17-73

图 17-74